エニアグラム
ENNEAGRAM

自分のことが分かる本

ティム・マクリーン & 高岡よし子

マガジンハウス

この本を推薦します

ティム・マクリーンと高岡よし子は私たちから学び、今は仕事仲間でもあります。過去約15年にわたり、エニアグラムを日本にもたらす活動の最前線に関わってきた専門家です。エニアグラム研究所の日本の窓口も長く務めてきました。

この分かりやすく実践的なガイドブックには、彼らのエニアグラムについての深い理解が満ちています。日本の読者のためにこの画期的な本が出ることをとてもうれしく思います。本書はこれから長きにわたって、日本におけるエニアグラムの本のスタンダードとなることでしょう。

――ドン・リチャード・リソ、ラス・ハドソン

エニアグラムの第一人者であり、ベストセラー『エニアグラム―あなたを知る9つのタイプ』他の著者。エニアグラム研究所［本部・ニューヨーク］主宰。

まえがき

この本には、あなたのことが書かれています。

あなたがどういう人なのか、心の奥で何を望んでいるのか、どのような〝輝き〟や可能性を持っているのか、そして気をつけるべきことは何か。

それを知るために、本書で紹介する「エニアグラム」が助けとなってくれます。

私たちはこれまで、過去20年以上にわたって、国内外の数万人に及ぶ方々に対して、自己理解やコミュニケーション、リーダーシップについての研修、ワークショップ、講演、カウンセリング、コーチングなどを行ってきました。対象は一般の方はもちろん、大企業・中小企業の経営者や社員、自治体の職員、病院や旅館、環境保護団体のスタッフなど、さまざまです。

このように長年、多数の方々と関わってきた中で感じていることがあります。

「私たち一人一人がユニークな存在で、それぞれの輝きを持っている」

「背景や価値観は多様だとしても、驚くほど共通のパターンや課題がある」

「自分の傾向性について知り、その取り組み方を学ぶことにより、人は可能性を広げ、成長することができる」

この3つです。

自分自身を知ることは、すべての基本です。

書店には「自分探し」のための本が無数に並んでいます。重要な指針や心の知恵を提供してくれるものもありますが、自分のことについて、リアルな実感をともなうほどの理解を与えてくれるものにはなかなか出会えません。

多くの時間やお金を費やし、知識やスキルを身につけても、自分のことがいまだに分からず、同じ人生のパターンを繰り返し、限界を感じている人がたくさんいます。人によって性格の違いがあるので、ある人にとって効果的なやり方が、他の人にとっても役立つとは限らないからです。

エニアグラムは、古代ギリシャ哲学にルーツを持ちながら、最新の心理学の成果を取り入れた、もっとも効果的な性格分類と考えています。

それぞれの性格タイプの説明は非常に明確で詳細、奥の深さはおどろくほどです。個人の性格傾向はもちろん、仕事の適性や人間関係などの幅広い分野をカバーしているという意味でも、他に例がありません。

エニアグラムについて知ることは、人生を歩んで行く上で、心強い「地図」を手にするようなものなのです。

先が見えにくい今日の社会の中で、自分に立ち戻るために、エニアグラムという素晴らしいガイドがあるのは幸運なことです。エニアグラムを学ぶことでこれからの方向性がクリアに見え、人生が楽に、豊かになります。

対人関係の改善にもきわめて有効ですし、自分の適性を見きわめ、キャリアの可能性を開きたい方にも、おおいに役に立ってくれることでしょう。

みなさんに、この素晴らしい知恵を活用していただけることを心から願っています。

二〇〇九年 満月の七夕に

ティム・マクリーン
高岡よし子

【本書の使い方】

まず8ページから、9つのタイプのプロフィールを簡単に紹介しています。ざっと目を通して、タイプの違いを大まかに頭に入れていただければけっこうです。

第1章では、エニアグラムとは何か、そして性格とは何かについて説明します。第1章の最後のタイプ診断テストで、2つの質問に答えて、自分のタイプの目安をつけることができます。

第2章では、それぞれの性格タイプの詳しい特徴を説明します。じっくり読んで、あなたのタイプを探してください。どれかひとつが基本タイプとなりますが、私たちの中にはすべてのタイプの要素があるとされています。自分以外のタイプ説明からも、学べることがたくさんあるはずです。

第3章では、ご自身のタイプを確認するためのポイントを紹介し、各タイプのストレスや成長時の変化についても説明しています。

第4章では、エニアグラムを日常に活かすためのヒントをご紹介します。最後の、「人生が楽になるエニアグラムの9つの原則」は、悩んだ時、壁に突き当たった時に読み返していただくのもいいでしょう。

エニアグラム　自分のことが分かる本　目次

9つのタイプのプロフィール

〈タイプ1　完璧を求める人〉

責任感が強く、きちんとしていて、真面目です。高い理想や基準を自分の中に持っていて、「～であるべき」と考えます。ものごとを正し、現実を理想に少しでも近づけるためにハードに働きます。理性的で現実的です。正義感があり、公平です。

〈タイプ2　助ける人〉

フレンドリーで親切です。人生でとくに大事なものは人間関係やつながり、思いやりです。自分のことよりも相手に意識が行きがちで、必要とするものを察して提供し、励まします。喜んでもらえることが自分の喜びとなります。

〈タイプ3　達成する人〉

自信があり、合理的な考え方をします。向上心が強く、「やればできる」という態度を持っています。目標を目指してハードに働き、人にいい印象を与え、高く評価されることを望みます。クールな反面、傷つきやすく繊細なところもあります。

〈タイプ4　個性を求める人〉

繊細で感性が鋭い人です。美しく、深いものを求めます。自分は他の人とは違い、特別であるという意識があります。人から距離を置き、近寄りがたい雰囲気がありますが、目立ちます。自分の内面でストーリーやドラマをつくりだす傾向があります。

〈タイプ5　観察する人〉

典型的な思考タイプで、理性的です。集中的に知識や技術を習得し、詳しい分野をもっています。ものごとの渦中に入っていくよりも、一歩引いて観察眼を発揮し、分析します。斬新な発想の持ち主で、自分自身で考え、結論を出すことを好みます。

〈タイプ6　信頼を求める人〉

真面目で、安定志向。問題となり得ることに敏感です。信頼でき、頼りになる人や考え方、方法、組織などを求めます。そして信じようとする気持ちと、疑う気持ちの間を揺れ動きます。自分に対する周りのさまざまな期待に応えようとします。

〈タイプ7　熱中する人〉

明るく、フレンドリーです。冒険や楽しいこと、ワクワクすることに熱中します。アイディアにあふれ、考えたらすぐ動きます。ものごとに楽観的で、自由を好み、適応力があります。多才な反面、腰を落ちつけて集中しにくい傾向があります。

〈タイプ8　挑戦する人〉

パワフルで腹がすわっています。自信があり、存在感があります。意志が強く、はっきりものを言います。情に厚く、親しい人たちに対して面倒見がいい人です。周囲をコントロールする傾向があります。弱いことが嫌いで、タフにふるまいます。

〈タイプ9　平和を好む人〉

穏やかでのんびりしています。居心地よくいられることが大事で、周りの人たちとの調和をはかります。人生は何とかなると考え、ものごとを理想化する傾向があります。自分にとって慣れ親しんだやり方やペースを守ろうとします。

第1章

エニアグラムとは何か？

9つの性格タイプ

エニアグラムは、9つの性格タイプ分類に基づいた自己成長のシステムです。各タイプについての詳しい説明により、自分自身を深く理解するのはもちろん、他の人の性格や傾向性を知ることができます。さらに、それぞれの性格の特徴を踏まえた上で、その可能性を広げるにはどうしたらいいかを教えてくれます。

自分の性格タイプは、血液型や生年月日による占いのように、自動的に答えが出てくるものではありません。通常の性格診断テストのように、質問に答えて「あなたはこのタイプです」と一方的に教えられるものでもありません。

エニアグラムにも診断テストはありますが、あくまでも目安。自分のタイプは自分で探し、見つけ出していくことにより、自分や人を理解する力が身につきます。そこには多くの気づきや学びがあることでしょう。エニアグラムで自分のタイプが見つかると、確かな、腑に落ちる感じがあるのです。

私たちはこれまで、たくさんの方々の変化や成長に立ち会ってきて、エニアグラムの持つ可能性の大きさを心から実感しています。企業研修では、次のような感想をいただきました。

「自分のことがよく理解でき、気持ちが安定した」「自分を客観的に見ることができるようになり、これから仕事にどう取り組んでいったらいいか、ヒントがつかめた」「相手のことを理解し、落ち着いて対応できるようになり、人間関係が楽になった」「相手の本質が理解でき、その人の長所をうまく引き出すことができる」「非常に実践的で、日常ですぐに使える」などなど。

性格を知ることの意味

なぜこういうことが起きるのでしょう。ここには自分を理解すること、人を理解すること、そしてお互いの関係をつくるという3つの要素があるように思われます。

《自分を理解する》

「自分自身を知る」ということは、すべての基本です。自分の性格タイプを知ることで、客観的に自分を把握することができ、自分の適性や可能性をどう伸ばしていけばいいか、方向性が見えてきます。逆に、マイナスの傾向性や陥りやすいパターンを知ることにより、取り組むべき課題が分かります。

《人を理解する》

エニアグラムは、他者を理解するためにも優れた地図となります。世の中にはいろいろな人がいて、さまざまな価値観があることをきわめて具体的に教えてくれます。

ストレスの最大要因といわれる人間関係においては、なぜ相手がそうした行動をとるのか、なぜ関係がこじれたのか、理解できないことが苦しみを生みます。トラブルが起きた際、相手の行動に対し、「なぜ?」という疑問が解消されないまま、終わってしまうことが多いのです。そんなケースでも相手の行動の理由が分かれば、前向きに解決方法を考えることもできるはずです。

エニアグラムのユニークな点は、各タイプについて、あたかもその人の心の内側をのぞいているかのように具体的に説明していること。多くの人がエニアグラムの本を読むと、「なぜ自分の心の中がこんなに分かるのだろう」と驚きを感じるほどです。

《お互いの関係をつくる》

自分のことが分かり、相手のことが分かると、お互いにとっていい関係をつくることができます。エニアグラムは、人との効果的な関わり方や、相手の可能性をどう引き出すかについてもアドバイスしてくれます。

個人同士の関係においても、会社や学校など組織の中でも、性格の違いからくるすれ違いや葛藤により、本来の可能性を活かせないのはもったいないことです。お互いの可能性を活かし合い、ともに成長していくということは、理想論ではなく、現実にできることなのです。

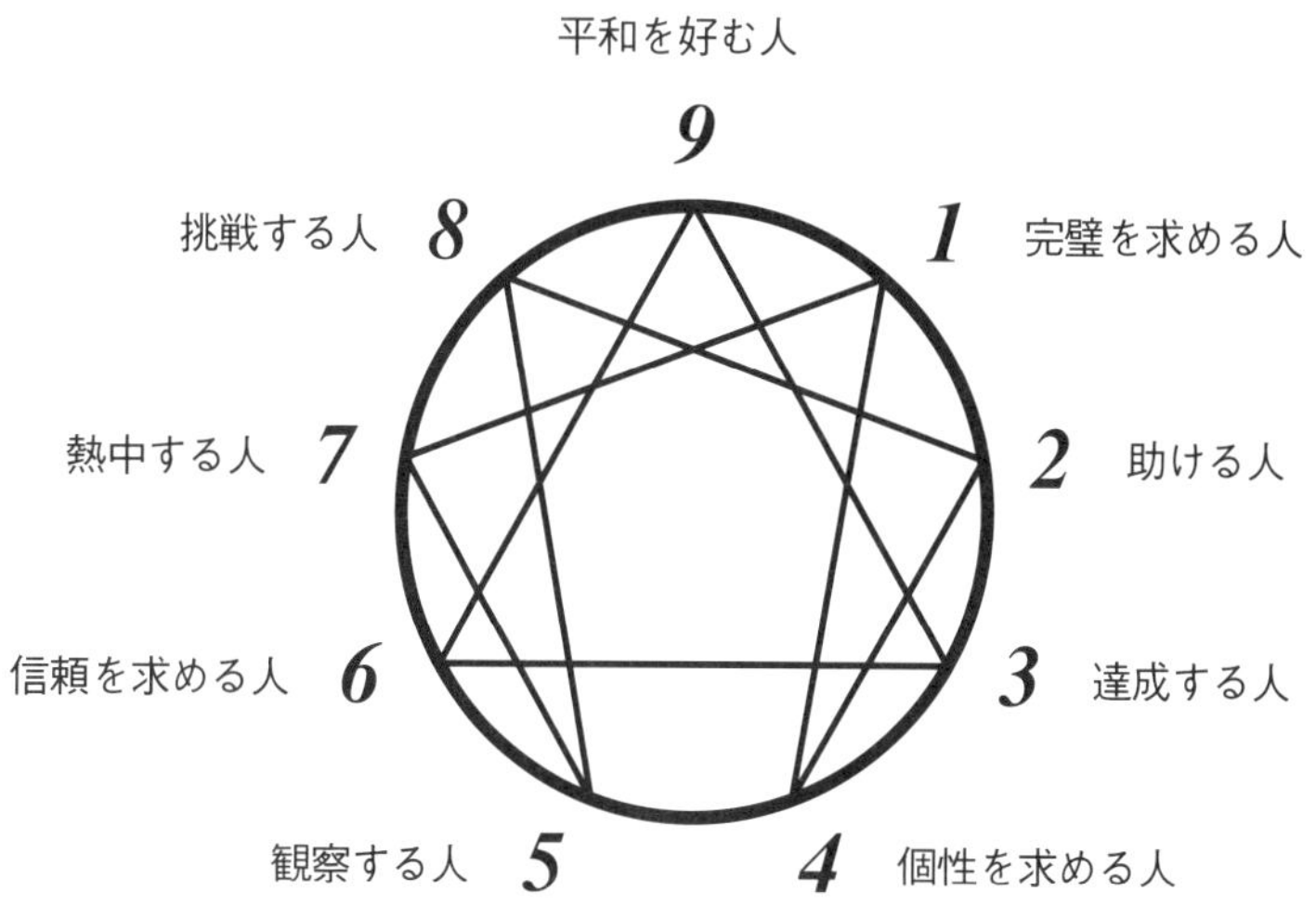

エニアグラム図

エニアグラムとは、「９つの点を持つ図」という意味です。９つの性格タイプは円周上に配置され、各タイプは２本の線によって、他のタイプとつながっています。「円」は完全を表現し、人間は９つのタイプが象徴するすべての可能性を実現することで、トータルな存在になるという意味もあります。２本の線は「成長とストレスの方向」を表します（第３章で詳しく述べます）。

エニアグラムとあなたの可能性

エニアグラムにはさまざまな理論家や指導者がいますが、本書では、理論的にもっとも完成度が高いドン・リチャード・リソ、ラス・ハドソンの考え方をベースに説明します。

筆者はもともと性格分類には抵抗がありましたが、リソ＆ハドソンのエニアグラムの説明は、性格分類として、初めてリアルで納得のいくものでした。

興味深いことに、エニアグラムの性格タイプには文化や人種を超えた普遍性があります。同じ日本人であっても、人によって性格が違いますが、一方で、国籍は違っても、同じタイプとしての特徴は共通しているのです。筆者は仕事でふだんからいろいろな国の方とおつき合いをしていますが、エニアグラムの性格タイプがいかに普遍的であるか、肌で感じています。

もちろんエニアグラムは、あなたを特定のタイプに当てはめて、それで終わりということはありません。

リソ＆ハドソンは著書の中で、「エニアグラムは、私たちを箱（分類）に入れてしまうものではなく、すでに入っている箱について、またそこからどうやって出ればいいかについて教えてくれるのです」と書いています（『エニアグラム─あなたを知る９つのタイプ　基礎編』角川書店）。

大きく9つの性格タイプに分類されるとしても、私たち一人一人がユニークでミステリアスな存在であることに変わりはありません。

エニアグラムは現在、世界中で、自己啓発やマネジメント、コーチング、カウンセリングなどさまざまな分野に取り入れられています。

ビジネスにおいては、個性を活かした人材育成やキャリア計画、コミュニケーション&リーダーシップ能力の向上に役立てることができます。コーチングにおいては、相手の資質や性格傾向を具体的に把握することできめ細かな対応が可能となり、成長の可能性をサポートしやすくなります。チームにおいては、メンバーそれぞれのコミュニケーション能力や仕事のしかたを把握することで、お互いを活かし合う関係を築き、危機を乗り越え、目標に集中する力を培うことができるのです。

エニアグラムを導入している企業は、モトローラ、プロクター&ギャンブル、ボーイング、アップル・コンピュータ、ソニー、トヨタ、コカ・コーラ、IBM、アリタリア航空、プルデンシャル、コダック、ゼネラル・モーターズ、ヒューレット・パッカード、デュポンなど多数にのぼります。日本国内でも、規模や業種を問わず、多数の企業や組織で導入され、近年ますます身近になっています。

気質と性格

エニアグラムでは人の性格を9つのタイプに分類します。では、性格とはそもそもどのようなもので、どこからくるのでしょうか。心理学でいう「性格」とは、「おおむね持続的な、その人特有の思考・感情・行動などの傾向」とされています。

一般的には、環境によって性格が形成されると考える人が多いでしょう。もちろん環境は人に大きな影響を及ぼしますが、環境以前の重要なスタート地点があります。生まれ持った「気質」です。

「気質」とは、広辞苑によれば、「個人の性格の基礎になっている遺伝的・生物学的な一般的感情傾向または性質」です。私たちは、生まれた時点ですでに気質を持っているのです。自分の子供がお腹にいる時から、前の子供との気質の違いを感じる母親もいます。

生まれ持った気質というのはその人のおおまかな傾向であり、言語を学ぶとともに起きる自我の形成を経て、3~7歳くらいでしだいにはっきりとした性格として確立していきます。こうして具体的な思考や感情、行動のパターンができるのです。

ちなみに、エニアグラムにおいては、3つの主要な神経伝達物質（ドーパミン、セロトニン、ノルアドレナリン）と、その活性の高低（高、中、低）の組み合わせが、9つのタイプを形成している可能性が研究されています。

気質と遺伝の関係についても、ある程度研究が進んでいますが、確たることはいえません。経験的には、親子でも気質が違うことは多いですし、同じ環境で育ったきょうだいであるにもかかわらず、気質がかなり違い、親の言動に対して異なる反応を示すこともよくあります。

気質を植物の種にたとえると、分かりやすいかもしれません。種は芽を出して成長し、花や実をつけます。人それぞれ、その種が違うのです。たとえば親はバラ、子供はヒマワリの種かもしれません。親は繊細で傷つきやすく、エレガント。子供は陽気で外遊びすることを好むかもしれません。こうしたケースでは、親が自分なりの価値観で子供を育てようとしても、気質の違いを知らなければ、関係がうまくいかず、子供の可能性を狭めてしまいかねません。親にできることは、その種ができるだけ可能性を開花できるように環境を整え、見守り、時に方向性を示すことなのです。

エニアグラムは、私たちが9つのうち、どの種を持って生まれてきたかを教えてくれます。それはまさに、成長の可能性を示してくれる地図だといえるでしょう。

もう一度、植物のたとえを使ってみましょう。私たちがトマトの種を植える時、トマトにとって適切な土壌や肥料、日照、水分について考えます。そして実がまだ緑色のうちに収穫することはありません。トマトにとって最高の状態とは、真っ赤に熟れた状態であることを分かっているからです。私たちは自分や身近な人のタイプを知ることによって、人間にとって最大限の可能性とはどのようなものか、そして成長するためにはどのようなことに気をつければいいのか、学ぶことができます。

性格は変わるのか

よく、「性格というのは、変わるものでしょうか?」という質問を受けます。エニアグラムで考えているように気質という意味でしたら、答えは「ノー」です。気質は生まれ持つものである以上、そこから派生した性格タイプは、一生変わることはないとされています。人は成長し変化したとしても、気質そのものを変えることはできないのです。ですから、違う性格の人になろうとするよりも、持って生まれた気質を活かしながら、いろいろな可能性を伸ばしていく方が自然です。

ただし「性格」という言葉を、もっと広い意味で使うのであれば、「イエス」です。性格タイプ自体は一生変わらないものであるとしても、当然ながら多くの経験や出会い、役割などの影響を受け、自分の中のさまざまな資質や可能性が開花します。

筆者の先生であるリソは、ひとつの性格タイプの中にも、「健全度(成長)のレベル」というものがあることをつきとめました。各タイプの中に、病理的で「不健全な段階」から、一般的な「通常の段階」、そして可能性が花開いた「健全な段階」まで、3段階あるとしています。さらに、それぞれに3つのレベルがあり、もっとも不健全なレベル9から、もっとも健全なレベル1まで、合計で9つのレベルがあります（23ページ図参照）。

エニアグラムにおける健全度という考え方を理解すれば、人が可能性を伸ばし、成長していく時、そして逆に精神状態が悪い時にどのような特徴が出てくるかが分かります。同じタイプなのにどうして人によって特徴が違うのかということも説明できるようになりました。

健全な状態と不健全な状態

さて、この健全度の違いはなぜ生じるのでしょうか。ここに、気質と環境の接点があります。子供時代に周囲から十分ケアされ、受け入れられ、愛された体験があると、柔軟な人になります。〈タイプ8〉のように気質的にもともとパワフルな人であれば、自分は強いけれども、時に弱さを感じることを認めることができ、人に対して優しくすることもできるでしょう。

健全な状態とは、心の構えが少ないため、こだわりが少ないことを意味します。自分の考えや行動を客観的に見ることができ、意識的にものごとを選択できます。バランスがとれ、地に足が着いていて、ストレスにうまく対応できます。心の落ち着きと活力があり、現実にしっかり関わることができます。人に対する共感能力もあります。

一方、子供時代に親との関係などでストレスが多ければ、自分を守るために心の構え（自己防衛）が強くなります。親同士がいつもケンカしていたり、親が子供をあるがままに認めず厳しく当たったり、逆にあまり面倒を見ずに放置するような場合です。

〈タイプ8〉は、構えが強くなると、よりタフにふるまうようになります。逆に、〈タイプ5〉のように、気質的に内向的であれば、よけいに自分の世界に引きこもります。

構えが強く自然体ではいられない状態というのは、タイプを問わず、緊張している状態で、よけいなエネルギーを使います。つまり、不健全であればあるほど、自己中心的で、自分の考えや行動に対する自覚が低く、無意識の欲求や恐れに振り回されやすいことになります。ストレスにうまく対応できず、過剰反応し、悩みやすく、対人関係の問題が頻繁に起きたり、深刻化したりします。

もちろん親は完璧ではないため、子供に適切に対応できない時もあるでしょう。でも基本的に愛情があれば、子供は健全に育っていくことができます。そして子供の時の親との関係が不安定で困難なものだったとしても、その後の人生の出会いや経験に助けられ、苦労を糧としながら、成長していくことが可能なのです。

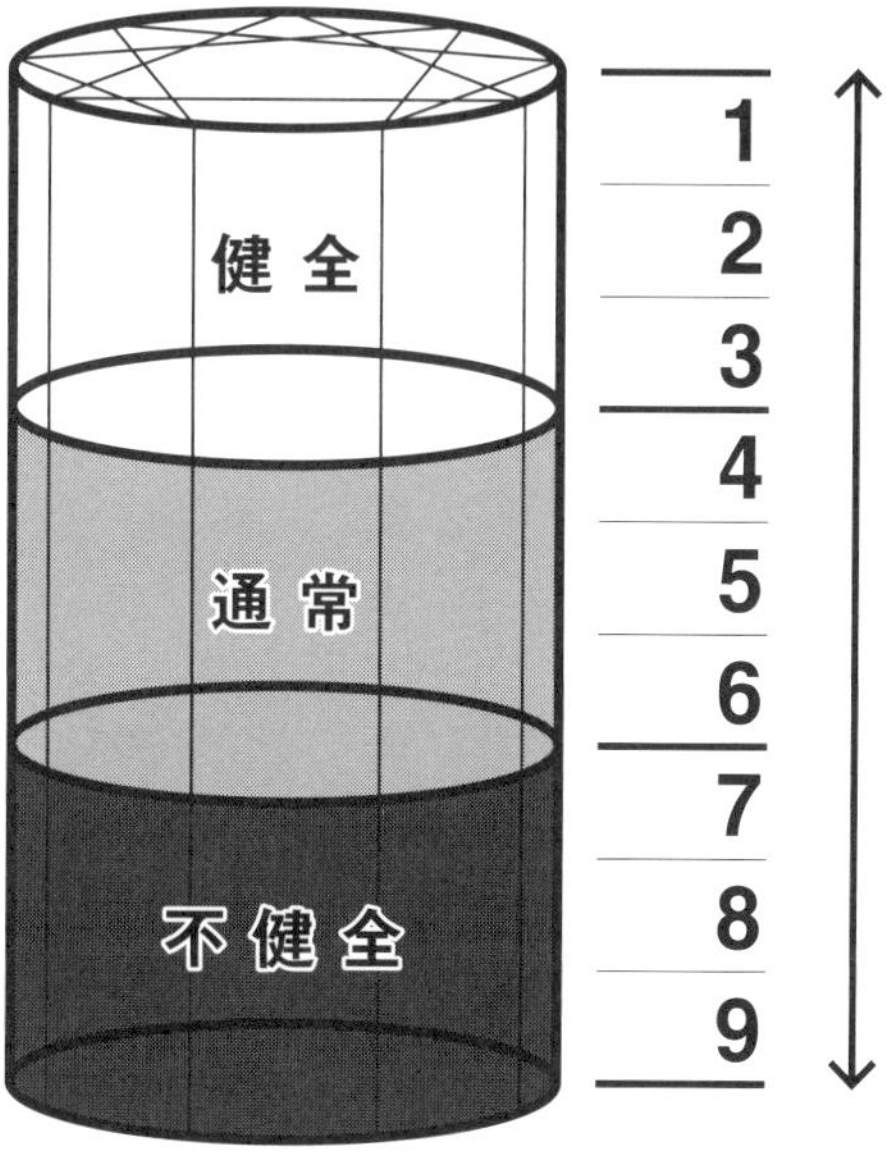

成長のレベル

エニアグラムに初めて、「健全度（成長）のレベル」という考え方を導入したのは、ドン・リチャード・リソです。９つのタイプにはそれぞれ健全・通常・不健全という３つの健全度の段階があり、さらに３つずつのレベルに分かれます。もっとも性格のとらわれから解放された自由な状態をレベル１とし、もっとも病理的な状態をレベル９としています。

ちなみにこの健全度の考え方は、分りやすくするために単純化しています。実際の人はもっと複雑です。優れた人の中に心の闇があり、心の病を抱えた人の中にいのちの輝きがある場合もあります。

エニアグラムのルーツ

エニアグラムの歴史については諸説ありますが、根拠のある情報にのみ基づいたリソ&ハドソンの最新の研究から説明しましょう。

「エニアグラム」という言葉はギリシャ語から来ています。「エニア（ENNEA）」は「9」、「グラム（GRAM）」とは「図」という意味です。つまり「エニアグラム」とは、「9つの点を持つ図」という意味です。

そのルーツは、特定の人や思想に属するものではありません。古代ギリシャから現代の心理学に至るまで、さまざまな思想や理論が取り入れられ、現在のような形になりました。

エニアグラムは、もともとは性格分類ではなく、宇宙の数学的法則性や象徴的意味を「図形」で示したものでした。たとえばエニアグラム図を構成する主な要素には、円（全体、一なるもの）、三角形（3つの力の相互作用）、変六角形（プロセスの変化と進展）があります。

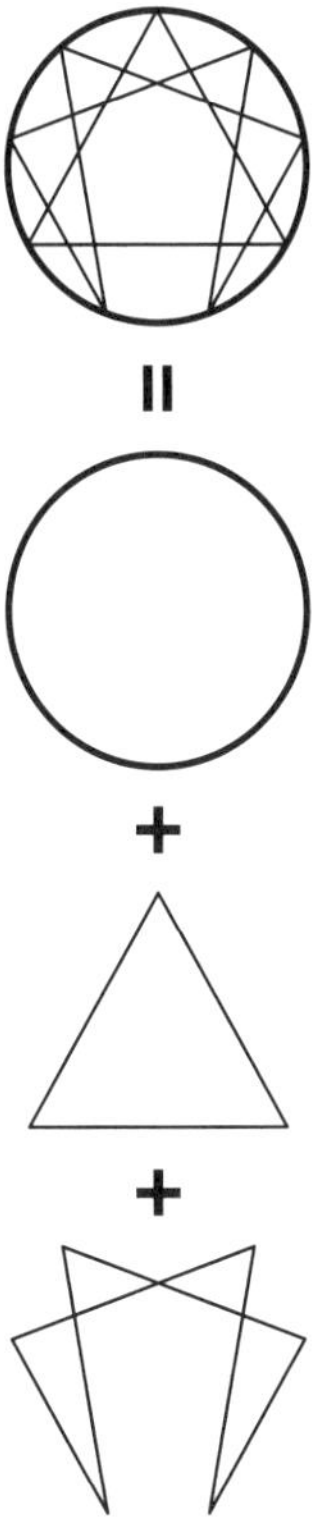

エニアグラムの分解図

ギリシャ哲学にルーツを持つエニアグラムの図は、「３つの聖なる法則」を表す「３つの要素（円、三角形、変六角形)」から構成されています。円はすべてのものがひとつであること、そして全体や調和を表し、三角形は、「存在するものはすべて３つの力の相互作用である」ことを示しています。変六角形は、時間の経過に伴うプロセスの変化や進展を表しています。

この図形に示されている考え方は、ピタゴラスやプラトン（紀元前4〜6世紀）、新プラトン学派（3世紀〜）など、古代ギリシャの思想からきているといわれます。新プラトン学派の創始者とされているプロティノスは、『エネアデス』という著書の中で、「人間にも見出される九つの神聖な特質」について語っています。

そして「九つの神聖な特質」の対極になるものがキリスト教に入り、「九つの大罪（怒り、プライド、妬み、ためこみ、貪欲、欲望、怠惰、恐れ、欺き）」となりました。（通常は「七つの大罪」として知られていますが、2つ追加されたといわれています）。この考え方は後に性格分類としてエニアグラムが確立された際に、「9つのとらわれ」として取り入れられています（タイプ別の「とらわれ」については、各タイプの説明の項をお読みください）。

一方、ユダヤ教の流れを汲みながら、新プラトン学派の影響も強く受け、12〜14世紀にフランスやスペインで発展した「カバラ」という思想があります。カバラの哲学の中心には、「生命の樹」と呼ばれるシンボルがあります。それは10の要素からなり、ひとつは「神の意識」ですが、それ以外の9つは、人間の9つの「魂の輝き」（叡智、理解、恩寵、美、力、永遠、輝き、基盤、存在）を表すといわれ、これが後にエニアグラムの9つのタイプのそれぞれと関連づけられました。

こうした一連の歴史的背景は、「人間には9つの特質があり、それぞれに光（魂の輝き）と影（とらわれ）の両面がある」というエニアグラムの基本的な考えにつながっています。

現代に伝えられた知恵

エニアグラム図が示す意味を解読し、初めて西洋社会に紹介したのは世界各地を旅した神秘思想家ゲオルギー・イワノヴィッチ・グルジェフ（生年不詳―一九四九）でした。一九五〇年代半ばにエニアグラムを性格類型として確立させたのは、ボリビア出身の神秘思想家オスカー・イチャーソです。そして一九七〇年にイチャーソの研究所を訪ねて学んだ人たちにより、主に心理学関係とキリスト教（イエズス会）関係という2つのルートを通じて、アメリカにエニアグラムが広がっていきました。

イチャーソによる9つの性格タイプの説明はごく簡単なものでしたが、イエズス会に学んだ心理学者のドン・リソは、エニアグラムの性格類型としての素晴らしい可能性に気づきました。リソは12年をかけて、他の心理学の性格類型論と比較検証しながら、9つの性格タイプについての詳細な理論を築き上げました。リソの研究に後から加わったラス・ハドソンも、理論の発展に貢献しました。リソ&ハドソンは現在、ニューヨークでエニアグラム研究所を主宰し、エニアグラムの理論と実践で世界をリードしています。

エニアグラムのルーツは、現代の私たちにはミステリアスに見えるかもしれません。けれども、現在のように性格類型として確立してからは、リソ&ハドソンの尽力により、フロイトやユング、カレン・ホーナイなどの研究、対象関係論、DSM-Ⅳ(『精神疾患の分類と診断の手引』)など、精神医学の理論との比較研究も行われています。

エニアグラムは数千年に及ぶ時間をかけ、さまざまな地域で、たくさんの人の手によって伝えられてきました。その知恵を求める旅の中では、治安の悪い地域を通過しなければならないこともありました。命がけで伝えられてきたエニアグラムが現代社会で必要とされ、世界に広がっていることには感慨深いものがあります。

エニアグラムは今でもさまざまな角度から検証され、新しい理論を生み出し進化を続ける、古くて新しい人間学なのです。

3つのグループ(本能・フィーリング・思考)

エニアグラムには9つの性格タイプがありますが、まず大きく3つのグループに分類して見ていくと、わかりやすいでしょう。3つのグループとは「本能(タイプ8・9・1)」「フィーリング(タイプ2・3・4)」「思考(タイプ5・6・7)」です。

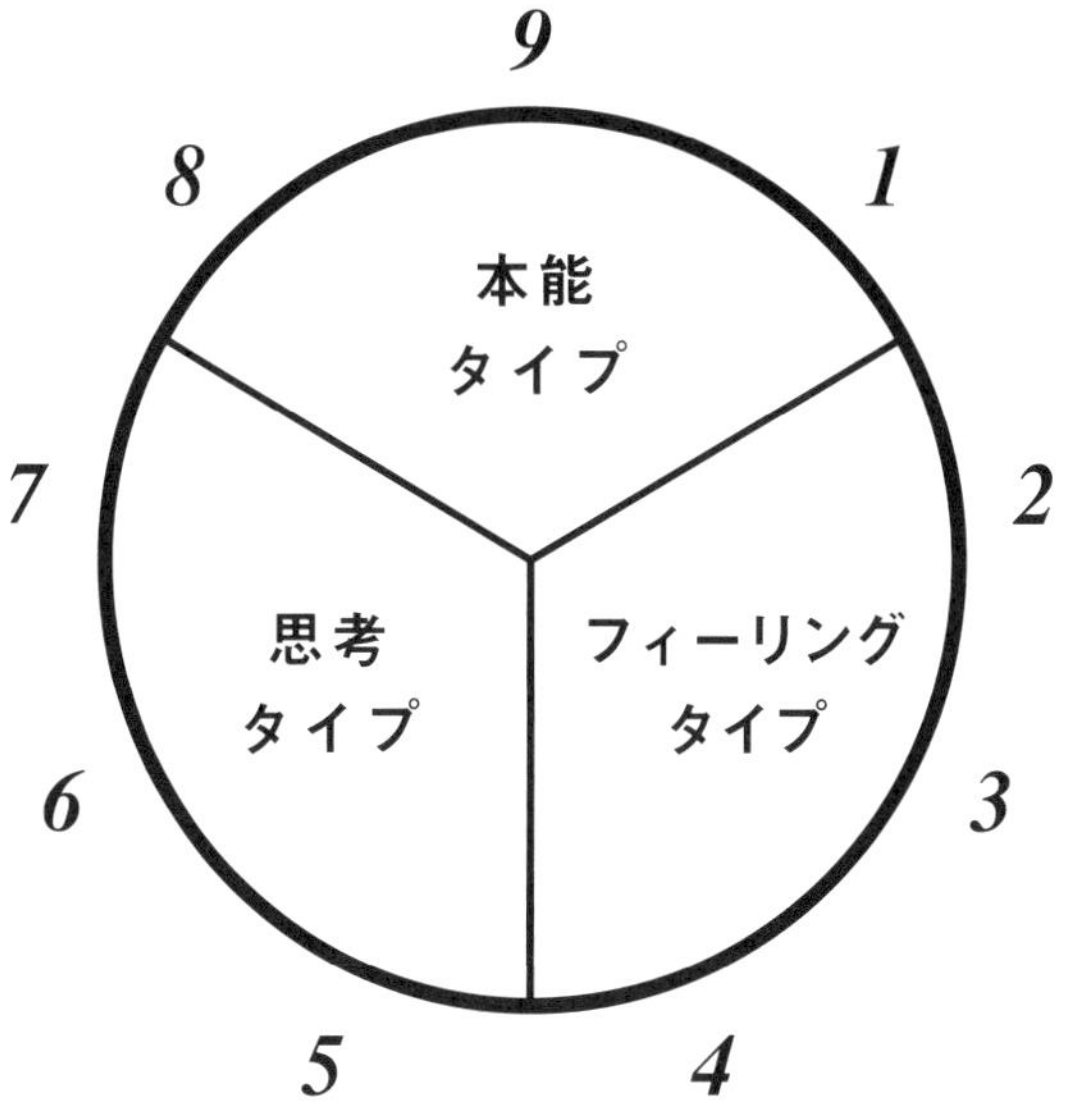

3つのグループ

9つの性格タイプは、大きく3つのグループに分けられます。本能（タイプ8・9・1）、フィーリング（タイプ2・3・4）、思考（タイプ5・6・7）です。それぞれのグループは、ものの見方や感じ方、動機、時間感覚などが大きく異なります。本能タイプは腹の感覚、フィーリング・タイプは心（ハート）の感覚、思考タイプは頭の感覚に主に根ざしています。

この3つのグループは、ものの見方や感じ方、動機、時間感覚などが大きく異なります。よく見ると、雰囲気の違いもあり、ふだんからつき合っていても、その違いの大きさを知ると、「そういう世界に生きていたんだ！」と驚くほどです。

本能グループは、「腹」からくる本能的直観によってものごとを判断し、フィーリング・グループは「ハート」で感じる気持ちや感覚で動き、思考グループは「頭」のエネルギーを集中的に使います。もちろん誰にでも本能、フィーリング、思考の機能はありますが、どれを主に使うかによって違いが生じます。

自分のタイプを探すためには、まず、この3つのグループのどれに当てはまるかを考えると、分かりやすくなります。逆にこのグループでないことは確か、と分かれば、消去法でタイプを絞り込みやすくなります。

この3分類は、通常は意識していないことですので、最初はどれに当てはまるか、分かりにくいかもしれません。その場合は、あまり気にせず、39ページからのタイプ診断テストを試みた後、第2章の9つのタイプ説明に進んでください。後になって自分がどれに当てはまるか、納得できることも多いのです。

本能グループ

〈タイプ８　挑戦する人〉
〈タイプ９　平和を好む人〉
〈タイプ１　完璧を求める人〉

《基本的傾向》

本能グループの人は、本能的直観によってものごとを判断します。判断基準は、「快か不快か」。気持ちいい感じがあればよいものだし、不快な感じがあれば、よくないことなのです。もちろん本能グループでも知的な人はいます。ただ、先に「本能的直観」によるアイディアが浮かび、そこから思考を組み立てていくのが特徴です。

本能的直観は体で感じる確かな感覚です。ものごとを決める際に役立つ反面、気をつけないと、「こう感じるからこうに違いない」、という思い込みを生みます。そのため、人の意見に十分耳を貸さなかったり、現実を確認しないままに誰かを疑うといったことにならないよう、注意する必要があります。

本能グループの人は、本来ゆったりしたペースを持っているので、多くの情報を矢継ぎ早に話されても、聞きにくい傾向があります。

本能グループの人は、自然体で、比較的どっしりした雰囲気です。声の出し方も地声で、相手に好感を持たれるように声やイメージをつくることはあまりありません。

《求めるもの》

本能グループの人が求めるのは「自分の場を守ること」。テリトリー（領域）やペースを他者に乱されることなく、自分にとって「快適」と感じる場やペースの中にいたいと思います。少し、腰が重いところがあります。

《つき動かしている感情》

本能グループをつき動かしている感情は、「怒り」です。自分の場やペースを乱されると、体が瞬間的に抵抗し、怒りを覚えます。〈タイプ1　完璧を求める人〉は、ものごとはこうあるべきという意識が強く、そうでない場合に怒りを覚えます。ただ、感情をあらわにすべきではないと抑える傾向があるため、イライラしながらものごとを進めたり、人に説教することがあります。〈タイプ8　挑戦する人〉は、怒りを直接、周囲に表現する傾向があります。同じ本能グループでも、〈タイプ9　平和を好む人〉の場合、自分が穏やかで、周囲に対して波風立てないことが重要であるため、強い感情を感じないように自分を麻痺させる傾向があります。ただし暗黙の抵抗として、反応が鈍くなり、黙り込むことがあります。そして、これだけは干渉してほしくないというポイントに触れてしまうと、突然怒りを爆発させます。

《時間感覚》

本能グループの人は、「現在（今、この瞬間）」に意識が集中しています。目の前の現実については考えられるのですが、先のことは抽象的すぎて、なかなか意識が行きません。経験を積み重ねる中で、もっと将来のことを考え、計画的になることはできますが、それでも未来についてのイメージは、具体的というよりもぼんやりしたものになりがちです。

〈タイプ1　完璧を求める人〉は、欠陥のある「現実」を本来の理想の状態に回復させようとします。〈タイプ8　挑戦する人〉は、自分が望む「現実」を意思の力により、つくりだそうとします。〈タイプ9　平和を好む人〉は、心地のよい「現実」を維持しようとします。

フィーリング・グループ

〈タイプ2　助ける人〉
〈タイプ3　達成する人〉
〈タイプ4　個性を求める人〉

《基本的傾向》

「フィーリング」という英語には、「感情」と「感覚」の両方の意味が含まれます。〈タイプ2　助ける人〉も〈タイプ4　個性を求める人〉も感情を感じやすく、気持ちを大切にします。

ただし、〈タイプ3　達成する人〉の場合、「達成（合理）モード」と「フィーリング・モード」という2種類のスイッチがあります。目標に集中している時は冷静で合理的ですが、ひとりでいると、ふだん抑えている「恥」の感覚や自分を責める気持ちが浮上してくることがあります。

フィーリング・グループは、「イメージ」のタイプとも呼ばれます。イメージや感覚でものごとや世界をとらえる傾向があり、自分についてのイメージやストーリーの通りに人から見られることを期待します。〈タイプ2　助ける人〉であれば、思いやりのある人として、〈タイプ3　達成する人〉であれば、秀でている人として、そして〈タイプ4　個性を求める人〉であれば、人とは違う、特別な雰囲気を持つ存在として見てほしいのです。そのためフィーリング・グループの人は、意識的・無意識的に自分のイメージを演出することがあります。魅力的な声や物腰で話すことがありますし、服装も自己表現の手段です。

《求めるもの》

フィーリング・グループの人が求めるのは「関心」です。人の関心を引くことによって、自分の「価値」を感じられます。フィーリング・グループは、自分が価値ある存在でありたいという動機を持っているのです。

《つき動かしている感情》

フィーリング・グループをつき動かしているのは、「恥」という感情です。イメージと実際の自分とはギャップがあること、本当の自分の姿を知られたら、価値がないことが見透かされてしまうのではという思いが「恥」の感覚につながります。

《時間感覚》

フィーリング・グループにとっての時間感覚は、「過去」です。

〈タイプ2　助ける人〉であれば、人生において大事な、人間関係のやりとりを中心に覚えていることが多いようです。〈タイプ3　達成する人〉であれば、自分にとって大切な存在―たとえば母親―の自分に対する期待や、自分がしてあげたことで喜んでくれた記憶が、自分に価値があるという感覚を支えています。〈タイプ4　個性を求める人〉であれば、過去に自分が負った傷により、自分は他の誰とも違う特別な存在であるというドラマチックな感覚を持つことがあります。

このようにフィーリング・グループは、深層において過去指向といえますが、未来を向いている側面もあります。〈タイプ2〉は、夢を持ち続けることが自分のやる気を維持することになりますし、〈タイプ3〉は、自分が達成したい目標に向かって前向きに突き進みます。〈タイプ4〉は、自分を理解し、救ってくれる人がいつか現れることを夢想します。

思考グループ
〈タイプ５　観察する人〉
〈タイプ６　信頼を求める人〉
〈タイプ７　熱中する人〉

《基本的傾向》
思考グループの人は文字通り、頭の中をいろいろな考えが占めています。頭にエネルギーが集中しているのです。思考の働きが活発で、神経が興奮し、話している時はテンションが高くなりがち。抽象的な概念や知識を扱うことに慣れている人もいます。興味深いことに、本能タイプが腹からくる本能的「直観」を持っているのに対し、思考タイプの「直感」は、「天から降ってくる」と表現する人もいるように、上からくると感じる人が多いようです。ストレスが高まると、夜、考えごとがいろいろと浮かび、不眠に悩まされることもあります。
アイディアや選択肢が次から次へと浮かびますが、考えすぎて堂々巡りになったり、ものごとを決断しにくくなります。
〈タイプ５　観察する人〉は、典型的な「思考の人」。冷静で、感情の起伏はあまりありません。〈タイプ６　信頼を求める人〉は思考グループですが、感情も豊かです。頭でいろいろ考えると気持ちが動き、気持ちが動くと、思考が刺激されます。〈タイプ7　熱中する人〉は、やはり思考グループですが、思いついたことをすぐ行動に移す傾向があります。

《求めるもの》

思考グループの人が深層において求めているのは「安定（安全）」です。導きや頼りになる存在、知識、サポートを必要とします。

《つき動かしている感情》

思考グループをつき動かしている感情は、「不安」です。この世界で自分がどうやって自立して生きていけるかということが主な関心事であり、そのための戦略や方法を求めます。

そもそも思考そのものが、不安に対処しようとする働きなのです。たとえば初めて誰かに会う時、「この人は何歳ぐらいなんだろう？　どういう仕事をしているんだろう？」と、相手のことを分析したり、推測したりしませんか？　これは、相手について知ることで、安心感を得たいからなのです。

《時間感覚》

思考グループの人の時間感覚は、「未来」に意識が行きがちです。これから起きることを予測し、備えることによって不安を減らそうとします。「未来」を中心に据えて、そのために今、何をしたらいいか、考えます。本能グループの意識の中心が現在にあるのとちょうど対極です。

思考グループのそれぞれのタイプは、これから先、自分が独力で生きていけるように、それぞれ異なるアプローチを持っています。〈タイプ5　観察する人〉は、自分の頭を一番信頼し、専門的な知識や技術を身につけ、独自のヴィジョンや方法、システムを構想します。〈タイプ6　信頼を求める人〉は、信頼できる指導者や理念、システム、組織、これまでうまくいった方法や多数の人が支持する考え、自分を支えてくれる仲間などを頼りにします。そしてできるだけ不確実性を排除して安心するために調べ、分析します。〈タイプ7　熱中する人〉は、興味があることや楽しいこと、面白いことに意識が向かいます。考えたらすぐ行動し、すぐに欲求を満たそうとします。

以上3つのグループについて学ぶだけでも、それぞれの「動機」やコミュニケーション傾向の違いについての理解が深まり、対人関係の改善につながります。たとえば本能グループの人からすると、現在のことで頭がいっぱいなのに、思考グループの人に未来の話をされても、それどころではないとイライラするかもしれません。逆に思考グループの人からすると、相手はあまりにも目先のことしか考えていないと不満を感じるかもしれません。

では次ページからの「タイプ診断テスト」に答えて、あなたのタイプを予想してみましょう。

タイプ診断テスト

タイプ診断テスト

次の質問群 Ⅰ・Ⅱ のそれぞれにおいて、3種類の文章のうち、これまでの自分を振り返って、もっとも自分に当てはまると思うものをひとつずつ選んでください。次に42ページを見てタイプの診断結果を確認しましょう。

・すべての内容に合意できなくても、他の2つの文章よりも自分に当てはまるものを直感的に選択してください。

・これまで人生の大半において実際にそうだったという傾向をお答えください。

・どの記述にも当てはまるかもしれないような、例外的な状況を考えないでください。

・疲れている時など、通常の状態ではない時に回答することはおすすめしません。

＊このテストは自己診断による簡易テストであり、その結果はあくまでも目安のひとつですので、絶対視しないようにお願いします。第2章以下の各タイプの説明と併せて、判断してください。

質問 I

A

自分の目標や目的を達成するにはどうすればいいのか分かっており、実現に向けて突き進む。ものごとを維持するよりも、率先して新しいことを始める方が多い。自分が関心を持っていることに周囲の人を引きつけ、話の中心になる。

B

責任感が強く、こうあるべきという意識が強い。周りに気を遣い、相手の状況を見ながら対応する。やるべきことを終えないとなかなかリラックスできない。

C

自分から人に関わる方ではないが、周りで起きていることには敏感である。自分の中に独自の考えやイメージの世界を持っており、すぐにその世界に入ることができる。

質問 II

D

ものごとは結局はなんとかなると思っているが、反面、嫌なことをあまり見ない傾向がある。

E

自分が冷静になることは難しくない。むしろ気持ちをあまり出さず、クールに見られる傾向がこれまであった。

F

おかしいと思うことに、すぐ気持ちが反応する。気持ちを発散すると、前に進める。

タイプ判別結果

I II—タイプ（名称）

A D—タイプ7（熱中する人）

A E—タイプ3（達成する人）

A F—タイプ8（挑戦する人）

B D—タイプ2（助ける人）

B E—タイプ1（完璧を求める人）

B F—タイプ6（信頼を求める人）

C D—タイプ9（平和を好む人）

C E—タイプ5（観察する人）

C F—タイプ4（個性を求める人）

第2章

自分のタイプを知る

タイプの特徴を知る

第1章のタイプ診断テストは、いかがでしたか？　テストはひとつの目安ですので、結果にこだわらず、この章の9つのタイプに関する詳しい説明を、通して読んでみてください。大事なことは、あなたの実際の行動がタイプの特徴に合っているかどうか。こうありたい自分のイメージや、心の中で感じている自分にとらわれず、振り返ってみましょう。

自分のタイプが分かった時には、はっきりした納得感があります。いわゆる「腑に落ちる」感じです。もしすぐに分からなくても、心配する必要はありません。第3章で、さまざまな角度からタイプをチェックすることができます。また、本書を読み終わった後に、日常生活の中で気づくかもしれません。

人生で身につけてきたセルフイメージや社会的な役割の奥にある、本来の自分の気質を見つけるには、少し時間がかかるかもしれません。あせらずにじっくり取り組むことが必要です。

自分のタイプを知っている方でも、自分以外のタイプの説明を読むことには意味があります。エニアグラムでは、誰もが9つのタイプすべての要素を持っていると考えています。人には多様な側面があり、そのうちのひとつがその人の性格の核であるということなのです。さらに、あなたの親しい人のことを思い浮かべながら読めば、人間の多様性に驚くとともに、それぞれのタイプの生き方から学べることがたくさんあるはずです。

会社での上司や部下との関係や親子関係に問題を感じている方なら、その相手のことを念頭に読んでみてはいかがでしょう。人間関係についてのリアルな実感とともに、トラブル解決の鍵が見つかるかもしれません。

それでは次に、タイプ説明に進んでいただく前の予備知識として、いくつかのガイドラインをご紹介します。

タイプ説明のためのガイドライン

1　タイプの名称

各性格タイプは本来、〈タイプ1〉というように、中立的な数字で表します。一言でそのタイプの特徴すべてを表す言葉がないからです。

たとえば〈タイプ8〉の名称は「挑戦する人」ですが、挑戦するというだけではすべての特徴を説明しきれませんし、他のタイプでもいろんなことに挑戦することはあります。ただ、初心者は数字だけでは覚えにくいため、名前がつけられているのです。

本書ではリソ&ハドソンの名称をベースに、経験上、適切と思われる名称を使っています。

2 人物例

本書で掲載している人物例は、リソ&ハドソンのエニアグラムの文献で紹介されている例をさらに吟味した方々、日本の例は私たちが独自にリサーチした方々です。いずれも直接お会いしたことのないケースがほとんどですので、あくまでも筆者の解釈であることをお断りしておきます。なお、リサーチのしかたは、できるだけインタビューなどの映像（タイプはその人の話の内容だけでなく、声の出し方や体の使い方などの雰囲気に表れます）を確認し、さらに本人による著書、第三者が書いた書物などから、多角的かつ総合的に推測しています。

3 親子関係

リソ&ハドソンのエニアグラムでは、持って生まれた気質に応じて、独特の親子関係のパターンが形成されると考えています。そして、子供時代に構築された親子関係のパターンは、大人になってからも周囲の人との関係の中で繰り返されます。

説明の中で、「父親的存在」とは、規範や方向性を示す人であり、実際の父親あるいは父親代わりになった人（女性の場合もある）を指します。「母親的存在」とは、愛情をかけ、子供の存在をあるがままに認めてくれる人で、実際の母親あるいは母親代わりになった人（男性の場合もある）を指します。

4　とらわれ（Passion）

キリスト教において「大罪」（Passion）とは、人間を罪に導く可能性がある欲望や感情を意味します。その流れを汲んだエニアグラムにおける「とらわれ」とは、それぞれのタイプをつき動かす、根深い感情のパターンのことです。

5　陥りやすい人生のパターン

エニアグラムは、性格パターンが、人生においていかに問題をつくりだすかを明確に説明しています。各タイプは恐れていることが起きないように、自分を守る方向で行動します。けれども恐れを伴う動きはその人の可能性を狭め、かえってよくない結果を生んだり、周囲との関係にトラブルが生じたりすることもあります。ここでは、「人はまさに恐れていることを実現してしまう」という悪循環のパターンを説明します。

タイプ1　完璧を求める人

本能タイプ

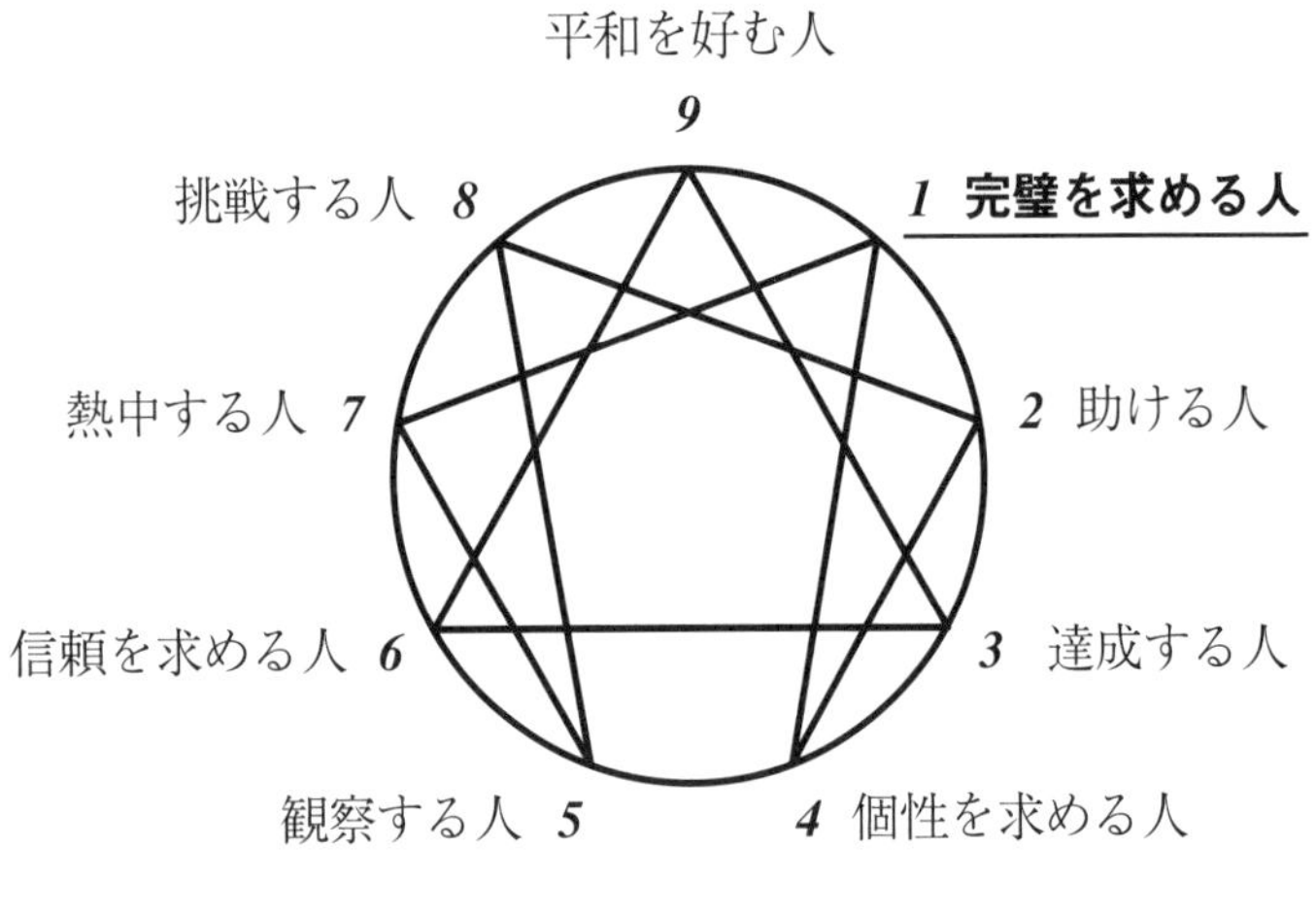

〔人物例〕 マハトマ・ガンジー、ヒラリー・クリントン、アル・ゴア、ハリソン・フォード、『ロード・オブ・ザ・リング』のガンダルフ

〔キーワード〕 知恵、理想主義、正しい、完璧主義、「〜すべき」、正義感

〔とらわれ〕 怒り

〔生きるための戦略〕 正しいことをすればうまくいく

ヒラリーはなぜオバマに破れたのか

〈タイプ1　完璧を求める人〉は心の深層において、「世界は本来、素晴らしいものなのに、現実はそうではない」という感覚を持っています。そして、ものごとを正しい方向に導くことによって、理想の世界を取り戻そうとしているのです。

エニアグラムの文献で典型的な〈タイプ1〉として知られるヒラリー・クリントンは、パワフルで腹がすわった政治家です。夫のビル・クリントンが大統領の時は、国の健康保険制度の改革に力を注ぎました（結果的には反対が強く、うまくいきませんでしたが）。ヒラリーはアメリカ大統領選の民主党の候補者指名争いにおいて、力強いスピーチにより、当初は人気を集めていました。実績が少なく不安視されたオバマ候補に比べ、頼りがいがあるように思われていたのです。

それでも最後に破れてしまったのは、彼女の長所を活かしきれなかったことが原因と見られます。〈タイプ1〉の長所は、毅然として自分を持っていることです。それなのに当時のオバマ候補に対して不必要に過激な中傷作戦を展開したことで、多くの有力な支持者が失望し、離れてしまったといわれています。

〈タイプ1〉の基本的特徴

気質の輝きを表すキーワードは「知恵」です。高い理想や基準、倫理観を持っていて、「ものごとはこうあるべき」と感じます。質の高さにこだわり、筋の通った生き方を好み、人が間違った方向に行かないように導こうとして、アドバイスすることもよくあります。

何が正しくて何が間違っているのか、本能的直観により見きわめます。間違っていること、足りないことに目が行きがちで、それを正そうとします。

多くの〈タイプ1〉は真面目で堅実です。責任感が強く、たくさんの仕事や責任を引き受け、黙々とこなします。自分を律する傾向性があり、合理的で理性的な印象を人に与えます。感情を抑え、冷静にものごとに対応します。自分の内面や気持ちについてはあまり語りませんが、内側ではとても情熱的であり、ユーモア感覚もあります。

率直で、どうしてもいわなければならないと思うと、相手が誰であってもはっきり意見をいいます。正義感が強く、弱い立場の者を擁護します。〈タイプ1〉にとっての正義感とは理念ではなく、体感覚で湧いてくるものです。人間としての「尊厳」が冒されることに怒りを覚えます。

ある〈タイプ1〉の女性は、路上で人がからまれていると、警察に通報することがあるそうです。そうした不正を、見て見ぬふりをすることができないのです。

「理不尽なことを知ると、腹の辺りから熱いマグマのような怒りが湧いてくるんです。自分のそうした傾向性に気づいてからは、少し客観視できるようになりましたが」（40代　女性）

〈タイプ1〉は、大切な相手とは、同じような基準や価値観を共有したいと思います。そして相手がその基準を満たせるように、注意したりアドバイスする傾向があります。

健全度による違い

健全な状態にある〈タイプ1〉は、ものごとをあるがままに受けとめて対応するうつわの大きさがあります。本能的直観に曇りがなく、落ち着いた心の状態で賢明な判断をすることができ、他の人の意見に聞く耳を持ちます。思慮深く、良識があり、ものごとの本質を見きわめます。自分の存在はあるがままで良いものである、という感覚を感じることができます。必要な時には、人に助けを求めることができます。人生を楽しみ、自分の情熱を表現します。

一方、健全度が下がるにつれ、本能的直観が思い込みとなり、いい悪いを決めつけるようになります。人に「～すべきだ」と怒りを持って注意することが多くなります。あるべき状態を目指して深刻になり、重苦しくなります。いつもやることがたくさんあって時間がないと感じているため、イライラしていて、緊張感があります。自分に対して厳しいだけでなく、身近な人にも辛辣になり、至らない点を指摘します。柔軟性に欠け、怒りや正義感がエネルギーとなります。

人間関係については、健全であれば率直で誠実であり、誰に対しても公平です。一方、健全度が下がるにつれ、自己犠牲を払ってハードに働いているのに分かってもらえない、そして周囲の人は自分ほど一生懸命ではなく、楽をしているように感じます。批判を受け入れず、自分は正しいといい張ります。かなり状態が悪いと、強迫的なまでに自分の完璧主義的なやり方にこだわります。うつになることもあります。

とらわれ

〈タイプ1　完璧を求める人〉のとらわれは「怒り」です。ものごとがあるべき状態ではないことに怒りを抱き、そのエネルギーがエンジンのように自分をつき動かします。

「何で私がこんな扱いを受けなければいけないの?」「彼女がこんな単純なミスをするとは!」「この職場で、こんなひどいことが黙認されてきたなんて!」

怒りを感じながらも、抑えて行動するかもしれません。たとえばものすごい勢いで皿洗いをしているというように。周囲の人の目には怒っているように見えても、自分はただ、すべきことをしているだけだ、という意識でいます。

時に抑えきれずに身近な人に当たり、人間関係にヒビが入ることがあります。

〈タイプ1〉は、自分はしっかりしなければいけないと思っているため、怒りの奥にある不安をあまり感じません。ただし、健全な状態であれば、自分の中にある不安を認めた上で、しっかりとした対応をすることができます。

親子関係

深層心理において、父親的存在との関係が重要なテーマです。子供の時から「父親（的存在）には頼れない、自分がしっかりしなければ」という感覚を持っていて、そのため、早くから自分が大人びているように感じます。ある〈タイプ1〉の女性は、次のように語っています。

「父親がよく将来への不安を口にしていたせいか、幼い頃から、親は頼りにできない、自分のことは自分で何とかしなければ、と思っていました。ただ、大人になって客観的に見れるようになると、ずっと自分を支えてきてくれた両親に感謝の気持ちを抱くようになりました」（40代　女性）

大人になってからも自立していて、人に頼ったり、頼られることを求めません。人に弱さを見せることがなかなかできず、悩みを自分で抱え、解決しようとする傾向があります。

陥りやすい人生のパターン

「あるがままの自分は、よい存在ではないのでは」という恐れにつき動かされる傾向があります。そして、自分がよき存在にならなければという思いを抱きます。誰も文句をいえないほど、自らに高い基準や厳しいルールを課し、それにしたがっていれば、自分は責められず、自立した立場を守れると思いがちです。

そのため、〈タイプ1〉が人生でこれまで身につけてきた、生存するための「戦略」は、「正しいことをすればうまくいく」というものです。健全度が下がるほど、自分の正しさに固執するようになります。

自分の理想の基準にとらわれすぎて、他の可能性が見えなくなることがあります。自分の主張により、思った以上に相手が萎縮し、不満を抱くかもしれません。「正しくあろうとして、かえって正しくない結果を招く」というのが、〈タイプ1〉の陥りやすいパターンです。

〈タイプ1〉の成長

成熟するにつれ、心の「静けさ」が深まり、よくないと思うことにすぐ反応することが少なくなります。何がよくて何が悪いかは、そう簡単に判断できるものではないと理解し、人生で起きることをゆったりと受けとめられるようになります。世界は完全ではありませんが、「不完全な中の完全さ」や美しさがあるのです。

「出張帰りの新幹線で、若い母親が、虐待ともいえるほど2歳ぐらいの女の子を叱りつけていたんです。それが長い間続いたため、私の中では怒りがふつふつと湧き、思わず注意したい衝動を抑えていました。

そのとき、手元に置いておいたぬいぐるみが目に入り、とっさにつかんで、『よかったらこれを使ってください』と母親に差し出しました。母親は素直に受け取ってくれ、優しい声でぬいぐるみを使って子供と遊び始めました。自分の席に引き返した私の目に涙があふれ、しばらく止まりませんでした。私には鬼母のように見えたその母親にも、優しいところがあったのです。伝え方の大切さを改めて考えさせられた機会でした」（40代　女性）

正論を主張することが、必ずしも「正しい」結果をもたらす訳ではありません。平和を求めるのであれば、違いを乗り越え、相手を受け入れるうつわを育てる必要があります。

タイプ2　助ける人

フィーリング・タイプ

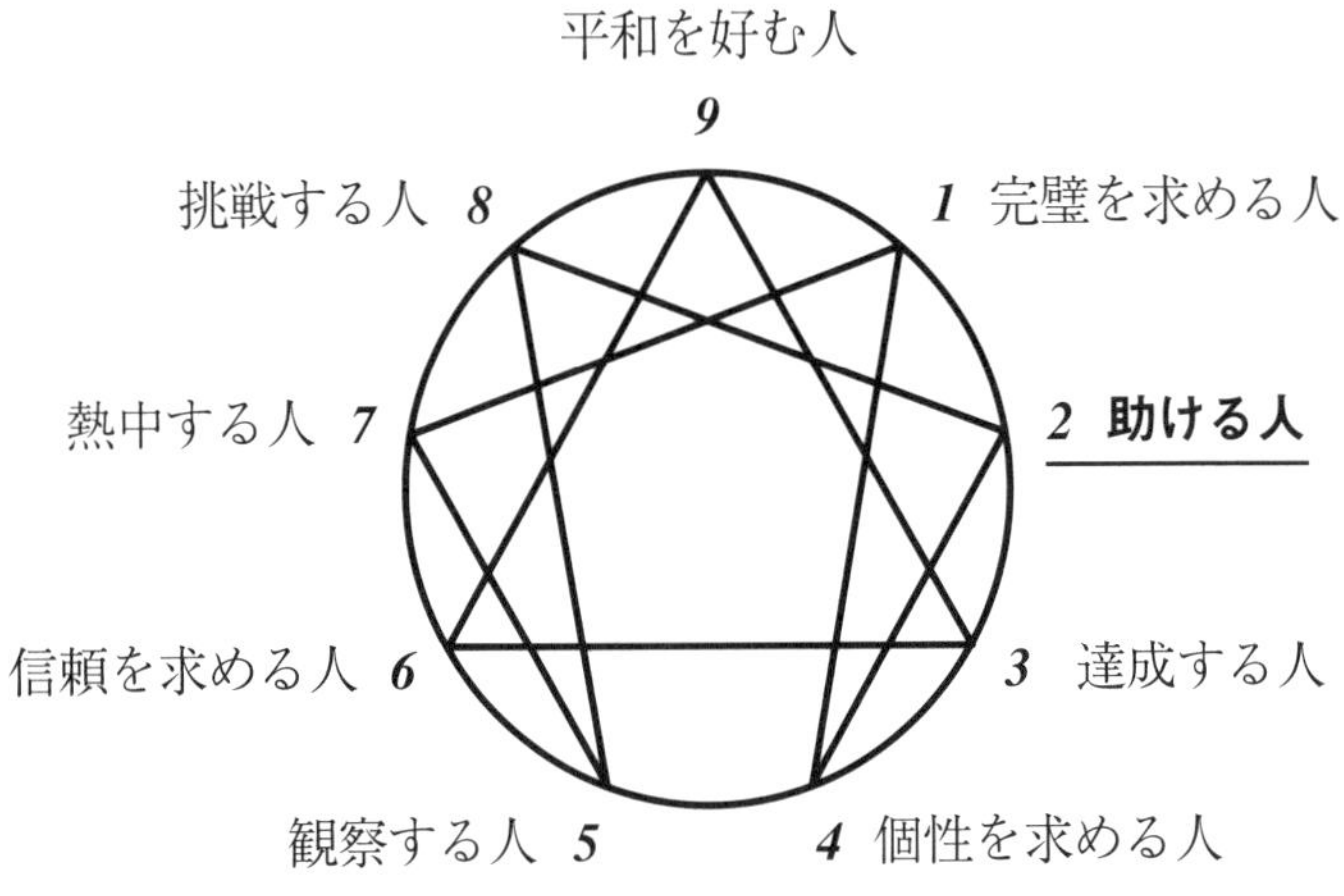

〔人物例〕 マザー・テレサ、デズモンド・ツツ、ムーミンママ、『ロード・オブ・ザ・リング』のサム

〔キーワード〕 愛、つながり、親切、気持ち、人を喜ばせる、励ます

〔とらわれ〕 プライド

〔生きるための戦略〕 人から必要とされ、愛されればうまくいく

おにぎりはなぜ癒しの力を持つか

〈タイプ２　助ける人〉の世界観は、世界のあらゆるものが生命を持っているということ、そしてすべてがつながっていて、循環しているということです。

龍村仁監督の映画『ガイア・シンフォニー』に、佐藤初女さんという女性が出てきます。青森県の岩木山の麓で、「森のイスキア」という施設を主宰している彼女は、素晴らしい〈タイプ２〉の例だと思います。

「森のイスキア」には心が疲れ、苦しみを抱えた人たちが集まってきます。初女さんは、自分が育てた野菜や採った山菜など、旬の材料を使っておいしいものを提供します。そして彼らのそばにいて、話に耳を傾けます。彼女の手づくりの梅干しが入ったおにぎりを食べて、自殺を思いとどまった人もいるそうです。

「自然のすべてに生命があり、こころがある。食べることはその自然の生命とこころをいただくこと」（『ガイア・シンフォニー』より）

と初女さんはいいます。彼女自身も、食べ物が持つ生命の力をいただいて、重い病気から回復した体験を持っています。

彼女にとっては、相手の喜びが自分の生きる力になっています。「やってあげている」という意識がないから、相手の心にも深く響くのでしょう。

〈タイプ2〉の基本的特徴

気質の輝きを表すキーワードは「愛」です。人生の中で、人とのつながりが中心的価値を持っています。思いやりや愛情を大事にし、理屈やルールより気持ちを優先する傾向があります。行動の基本は、心が動くかどうかです。

フレンドリーで、面倒見がよく、自分よりも「相手」に意識がいきがちです。人に近づいていって、相手が必要とするものを察し、提供します。たとえば、寂しそうにしている人や疲れた感じの人に優しい言葉をかけることで、相手の表情が輝くことをうれしく感じます。料理や占い、営業、芸術など、何らかの得意分野を活かして人の役に立つこともよくあります。

優れた共感能力を持っている反面、気をつけないと、相手のことに入り込みすぎます。自分はどこまで相手に関わるのか、どこまで提供するのか。どこまでが本当の思いやりであり、どこまでがやりすぎで、相手を依存させてしまっているのか見きわめる必要があります。時には自分にとって負担が大きすぎることを断ったり、信頼して見守ったりするなど、「自分」と「相手」の間に健全な境界線を設ける必要があります。

〈タイプ2〉の名称は「助ける人」ですが、自分はむしろわがままではないか、と思っている人もいます。そのため、本来は〈タイプ2〉であっても、違うと思ってしまう場合が多くあります。

「助ける人」という言葉から、典型的な「世話好きの人」というイメージを与えるかもしれませんが、個性的なアーティストの人もいます。筆者の友人である〈タイプ2〉の女性は非常に才能豊かで個性的な写真家で、愛情のこもった、きめ細やかな心遣いをする人です。

健全度による違い

健全な状態の〈タイプ2〉は、見返りを求めることなく、無条件に与えることができる寛大な人です。無理をすることはなく、必要な時は助けを求めることもできます。

一方、健全度が下がるにつれ、思い込みが強くなり、相手が本当に必要としていることを汲み取るのではなく、自分がいいと思ったことを押しつけるようになります。誰かに何かをしてあげた時、相手の顔がパッと輝いた体験をしているため、自分が人を幸せにできると思ってしまうのです。

おせっかいになり、相手に対する所有欲が強くなります。無理をしてまで相手に尽くし、こんなにやってあげているのに、という気持ちが強まります。相手が、自分に依存するような関係をつくってしまうこともあります。

〈タイプ2　助ける人〉は基本的に、人生は結局いい方向にいくだろうという楽観的な感覚を持っています。健全であれば前向きであるのはいいことなのですが、不健全になるにつれ、嫌な現実を見ようとしなくなります。本当の自分はだめだ、向き合いたくない、そのことを人に知られたくないと思います。本当の自分に向き合いたくないために、いつも意識を他の人に向け、行動するようになります。

〈タイプ2〉は、人と一緒にいることでエネルギーをもらいますが、逆に気を遣いすぎて疲れてしまうこともあります。ひとりでいる時間も大切です。ただ、ずっとひとりの時間を過ごしていると、自分がふだん抑えている否定的な気持ちが湧いてきて、気持ちが落ち込むことがあります。

不健全な段階では、親切にしたのに気づいてもらえなかったり、思ったように評価されないと、感情的になって相手を敵視し、攻撃することがあります。悪口やゴシップをばらまくこともあります。不健全な状態が進むと、空虚感にさいなまれ、摂食障害（過食、拒食）や被害妄想になって、自分が周囲から攻撃されていると信じ込む場合もあります。

とらわれ

〈タイプ２〉がとらわれやすい感情は、「プライド」です。無意識に、自分は思いやりがあり、人のためにいいことをやっているという感覚があります。それは自分を相手よりも上に置くことになります。

「何かをしてあげたいという気持ちが常にあるから、誰かを見た時も、いいところよりも悪いところを無意識に探してしまう。たとえば顔色が悪いけど大丈夫？　とか。こうした自分の傾向性に気づいた時はすごくショックでした」（40代　女性）

人が困っていることには敏感な一方で、自分自身の欲求や寂しさ、苦しみといった負の感情は感じにくい傾向があります。「プライド」ゆえに、自分に問題があること、助けが必要なことは認めたくないのです。心の悩みを誰かに打ち明けることはあまりなく、体の不調を訴える状態に至って、やっと助けを求めるという場合もあります。

親子関係

多くの〈タイプ２〉は子供の頃から、人の面倒をよく見て、周囲の人のことを気にかけています。無意識に自分が母親的な役割を果たすのです。そして父親的な存在から愛され、守ってもらうことを望んでいます。このパターンは大人になっても繰り返されます。

幼少期に親のしつけにプレッシャーを感じながらも、いい子であろうとした経験はありませんか？　子供時代の環境にストレスが多ければ多いほど、相手のために一生懸命になることで、好意的反応を引き出そうとする傾向が強まります。

陥りやすい人生のパターン

「あるがままの自分では、愛されない」という恐れにつき動かされる傾向があります。そして、自分が相手に何かしてあげたら、相手に必要とされ、愛されるだろうという思いを抱きます。〈タイプ2〉が人生で身につけてきた、生存するための「戦略」は、「人から必要とされ、愛されればうまくいく」というものです。だからこそ助けられる立場になってしまうと、自分に存在価値がなくなり、人は十分に自分を愛してくれないだろうと恐れるのです。

余裕がなくなって健全度が下がるにつれ、相手の関心を得るために必死になり、干渉しすぎ、かえって疎まれることになってしまいます。皮肉なことに、結局は恐れた通りになってしまうのです。

〈タイプ2〉の成長

〈タイプ2〉は成熟するにつれ、自分にも必要としているものがあることを認める「謙虚さ」に目覚めていきます。次の2人の例を見てください。

「ある場所に何時までに行かなければいけないと、ひとりであせっていた時、主人に、『僕にちょっと運転してって頼めばいいのに』といわれたんです。なんではじめから、素直にいえなかったのかな。エニアグラムを学ぶようになって自分の傾向を知って、素直になれたし、ずいぶん生きやすくなれました」(70代 女性)

「離婚はいろいろな人を悲しませるからすすめたくはないんですけど、私の場合はもう、いいお母さんだったり、いい妻だったりすることから降りることにしたんです。いざ離婚してみたら、意外と楽で、違う世界が広がりました。いい母親、いい妻という自分がつくりあげたイメージの世界を失ったと思ったのに、いまは自由であることが楽しいんです」(40代 女性)

自分自身の人生を生きることが、〈タイプ2〉にとっての成長の方向です。人を助けなければというこだわりを手放し、相手の力を信頼することが必要です。

愛は、自分がつくりださなくても、この世界にすでに存在しています。太陽が必ず毎朝昇り、自然がいつも私たちに食べ物の恵みをもたらしてくれるように。

タイプ3　達成する人

フィーリング・タイプ

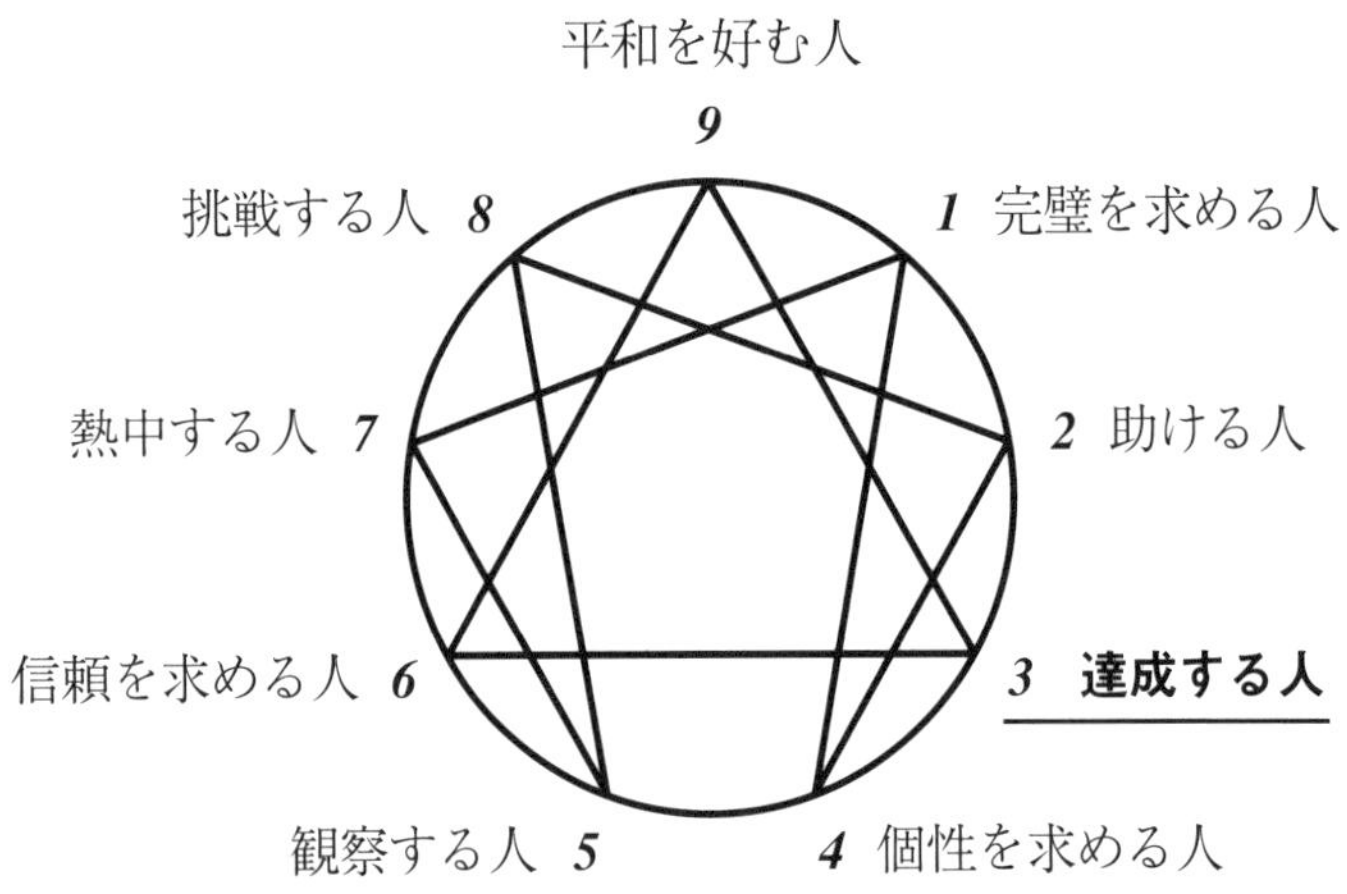

〔人物例〕 バラク・オバマ、ビル・クリントン、デヴィッド・ベッカム、リチャード・ギア、トム・クルーズ、スティング、シャロン・ストーン

〔キーワード〕 価値、やればできる、向上心、明確な目標、合理的、ほめられたい

〔とらわれ〕 虚栄

〔生きるための戦略〕 成功して、人から好印象を持たれればうまくいく

不可能を可能にした男

〈タイプ3　達成する人〉は、この世界は可能性に満ちていて、進化し続けていくものだという考えを持っています。人の輝きや可能性を信じ、最大限に開花させることを目指します。

映画『スーパーマン』で知られる俳優、故クリストファー・リーブは、エニアグラムの文献で〈タイプ3〉の好例とされています。彼は43歳の時、乗馬事故で脊髄を損傷し、四肢麻痺の状態になってしまいました。呼吸すら自力でできません。とりわけ行動的だった彼は、寝たきりの自分は受け入れがたく、家族に迷惑をかけたくない、死なせてほしいと願いました。しかし妻のデイナの一言が、彼の命を救いました。

「あなたはあなたのままだもの。私はあなたを愛しているの」

生きる意欲を取り戻した彼は、過酷なリハビリにより、前例のない劇的な回復を見せます。首から下の感覚の70％が戻り、90分以上自力で呼吸することも可能になりました。動けるようになりたいという強い意志でリハビリを欠かさず、大脳から脊髄に指令を送り続けたことが奇跡をもたらしたのかもしれません。

彼は事故から9年後に心不全で亡くなりましたが、医学的に不可能とされていたことを可能にしたそのチャレンジは、多くの人々に感銘を与えました。

〈タイプ3〉の基本的特徴

気質の輝きを表すキーワードは「価値」です。目標を達成し、成功することで自分の価値を感じることができます。「やればできる」という態度で、達成するまで粘り強く、ハードに働きます（オバマ大統領の〝Yes We Can〟がまさにそうです）。向上心が強く、自分の資質や能力を磨くことにエネルギーを費やします。カリスマ性のある人もいます。

成功しようとする分野はビジネスに限りません。理想的な配偶者や親であろうとする人、アーティストや宗教家になる人もいます。ある〈タイプ3〉の女性は、優秀なキャリアウーマンであると同時に、家に帰ったら料理も掃除も上手にこなす、有能な妻です。大変な努力を必要としますが、そのことを表に出すのは好きではありません。スマートでありたいのです。

自分の価値を高めてくれる、自分につり合う相手とつき合います（相手が今は成長の途上でも、将来の可能性が見えればいい）。お互いに自分を磨き、高め合う関係を望みます。

ヴィジョンが明確で、子供の頃から将来の目標がはっきりしていた人もいます。たとえば小学校の時からすでに社長になる、あるいは芸人になると決めていた、というように。

〈タイプ3〉は人の表情から、何を望んでいるかを感じ取ります。そして期待に応え、ほめられるとモチベーションが上がります。目標を達成するためには柔軟に対応しますが、途中のプロセスに十分配慮がいかない場合があります。

合理的で感情を抑制する傾向があり、クールだと思われることもあります。自信があり、スイッチが入るとあたかもスポットライトに照らされたように、観客に向かって、ベストのパフォーマンスを見せる人もいます。その一方で自尊心が傷つきやすく、繊細な面もあります。人にいい印象を与えたいために優柔不断になり、立場がぶれることがあります。

健全度による違い

健全な状態においては、自分の可能性を信じて、ベストを尽くすだけでなく、他の人の中にも可能性を見出し、応援します。素晴らしいヴィジョンに向けて、人のやる気を引き出すコミュニケーション能力に優れています。リソによると、アメリカ合衆国のオバマ大統領は、健全な〈タイプ3〉の例です。

健全度が下がると、自分が優れた存在であることを証明しようと駆り立てられ、なかなか能力が活かせないと、周囲の環境のせいにします。目標達成の妨げとなる気持ち（不安や罪悪感、恥など）を、感じないようにします。仕事中毒に陥り、心身の疲労がたまっているにもかかわらず、大丈夫だと自分にいい聞かせ、心身のケアがおろそかになってしまいます。元気がなかったり、落ち込んでいる時は、その姿を人に見せないようにします。ひとりになった時に、ふだんフタをしている自分の中の罪悪感や恥、痛みといった気持ちが浮上してくるかもしれません。気づかないうちにうつになっている場合もあります。

人間関係については、健全な状態では率直で本音のいえる親しい関係を築くことができます。けれども健全度が下がるにつれ、自己中心的な傾向が強まり、相手の考えや気持ちを汲み取るよりも、自分がイメージする望ましい状態を目指して、周囲を巻き込もうとします。自分よりも立場が下と感じる相手に対して、一方的にアドバイスします。

また、本当の自分が大したことはないのが見透かされるのではと恐れ、壁をつくり、よそよそしくなります。人に対して横柄になったり、敵意を持つこともあります。

きわめて不健全な状態では、実力が伴わないのに、自分が成功しているイメージを守ろうとして経歴を偽ったり、詐欺的行為に至る場合もあります。目的の実現を邪魔する相手を攻撃することもあります。

とらわれ

〈タイプ3〉がとらわれやすい感情は、「虚栄」です。自分が有能で成功しているイメージを自分や人に信じ込ませようとします。期待に応えたいという思いを持っている間は目標がはっきりしていますが、本当は心が何を求めているかが分からなくなります。

「あなたは、本当はどう感じているの？　と問われると、思考停止というか、ハート停止状態になってしまうんです」（40代　男性）

親子関係

子供の時から、周りの人が望んでいることや、意識・無意識を問わず、自分に寄せられる期待に敏感で、その通りになろうとする傾向があります。たとえば音楽に価値を置く家族であれば、音楽家への道を歩みます。家族の自慢となることも多いのです。

とくに母親の期待に対して敏感で、母親がどうしたら喜んでくれるかを考え、ほめてもらえるとうれしくなります。大人になってからも、母親的存在からの関心を必要とします。飲食業で大成功しているある男性の、次のコメントが好例でしょう。

「味の基準は、亡くなった祖母や母がおいしいといってくれるかどうかです」（40代　男性）

典型的パターンのひとつは、親や家族の挫折を自分が回復させ、乗り越えようとすることです。たとえば多くの〈タイプ3〉の起業家が、親の会社が倒産したり、破産する経験をしています。親に代わってリベンジしたい、あるいは自分はそうなりたくないと成功を目指すのです。

元アメリカ大統領、ビル・クリントンは、アルコール依存症の義父が暴力をふるったあげく、家の中で発砲するという経験すらしています。彼は母親が好きだったケネディ大統領のようになることを志し、実際に大統領になるという驚くべき達成を遂げました。

陥りやすい人生のパターン

「あるがままの自分には、価値がないのでは」という恐れにつき動かされる傾向があり、何かに秀でたり、達成することによって、自分の価値を認めてもらおうとします。生存するための「戦略」は、「成功して、人から好印象を持たれればうまくいく」というものです。

健全度が下がるにつれ、身を削ってハードに働きます。常に上を目指し、目標達成の妨げとならないように本当の気持ちを抑えていると、自分自身の心や周りの人たちとのつながりが薄くなってしまいます。たとえばある男性のエピソードです。

「10年後の家族の幸せをイメージしながら、深夜まで激務をこなしてきました。ところが妻や子供たちと過ごす時間がほとんどなく、いつのまにか距離が……。本当は家族のために頑張っているのに、そのことを素直に伝えることができません」(30代　男性)

〈タイプ3〉がこのようにバランスを欠いた状態になると、心身ともに疲れ果て、内面の空虚感が高まります。恐れていた、自分の「価値」がなくなる状況を引き起こしてしまうのです。

〈タイプ3〉の成長

成熟するにつれ、人に認めてもらうためではなく、「本当の意味で価値あるもの」を求めます。自分の心の声を聞き、率直な生き方へとシフトするのです。

「コンサルタント会社で働いていた時、一生懸命働いても実績が残せず、自分は価値がない人間だと思っていました。おまけに、病気になって手術するはめに。ところが麻酔が覚めると、いつも嫁さんがそばにいるわけです。一度や二度ではなく、何度も。なんでこの人はこんな自分のそばにいてくれるんだろう、と思うと、心が溶けていく感じでした」（30代　男性）

理想の自分を目指してひたすら走り続けるよりも、かけがえのない今を大切な人と分かち合うことの大切さに気づきます。

タイプ4　個性を求める人

フィーリング・タイプ

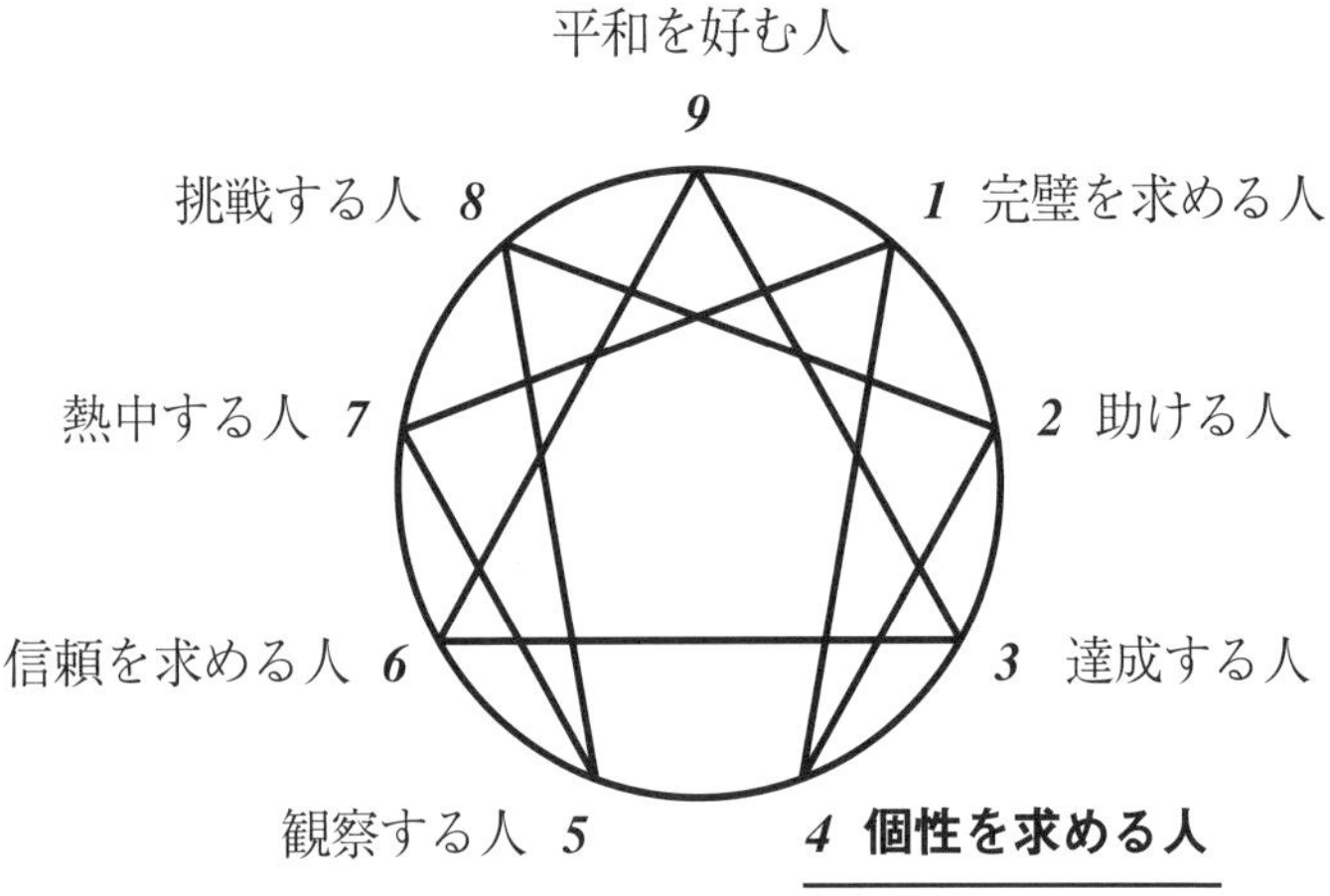

〔人物例〕エドガー・アラン・ポー、デヴィッド・ボウイ、マイケル・ジャクソン、アンジェリーナ・ジョリー、『ロード・オブ・ザ・リング』のレゴラス

〔キーワード〕美、繊細、ドラマチック、自分は特別、近づきにくい

〔とらわれ〕妬み

〔生きるための戦略〕自分の気持ちに正直であればうまくいく

ジョニー・デップの心の真実

たぐいまれな才能を持つアメリカの俳優、ジョニー・デップは、〈タイプ4〉の好例とされています。アイドルとして俳優の道を歩み始めたものの、自分が商品化されることに耐えられず、心から取り組みたい映画だけを選んで出演しています。

彼は重いテーマの作品で、奇妙なキャラクターを演じ、新境地を開いてきました。自分が監督・出演した映画『ブレイブ』では、貧しいネイティヴ・アメリカンの若者が、家族の生活を守るために自分の命をお金に換えるというテーマを扱っています。商業的には評価されませんでしたし、決して後味のいい映画ではないのですが、この作品を見ると、ジョニーが単に外見のよい俳優ではなく、人間に対する深いまなざしを持ち、創造性と表現力を持っていることが分かります。

彼の存在は最初、一部の映画ファンの間で知られるだけでしたが、『パイレーツ・オブ・カリビアン』において、ディズニー映画としては異色ながら、長く人々の心に残るキャラクターを創りだし、商業的にも大成功を収めました。その後も名声にとらわれることなく、自分の感性や美意識によって選んだ映画に出演し続けています。

〈タイプ4〉の基本的特徴

気質の輝きを表すキーワードは「美」です。繊細で感性が鋭く、機能や合理性よりも、美しく、深いものを求めます。

自分の好みやテイストを持っていて、身の回りもそれを反映したもので満たしたいと思っています。好みの洋服をまとい、好みの音楽を聞きながら、「自分らしい」気分に浸ります。そして人から、自分のイメージ通りに見られたいと考えます。

「過去の私は、自分が、人の目にどう映っているかを考えながら、生きていました。こんなふうに言ったらかっこいいとか、こんなしぐさをしたら素敵だとか、いつも考えていたのです」

（30代　女性）

〈タイプ4〉の人は周囲から離れる傾向がありますが、かえって人目につきます。近寄りがたい雰囲気で、窓辺で物憂げにたたずんでいるかもしれません。ただ、人から離れていても、どこかで自分に気づいてほしいという気持ちがあります。

ひとりでいる時は、空想の世界に浸ることがよくあり、目の前にある現実ではなく、過去に経験したお気に入りの場面を再現したり、あこがれるものや人について空想することもあります。

子供の時から、自分が他の人とは違うということをたえず意識して生きてきました。自分が特別な傷を負っていたり、何かを欠いているように感じ、身の回りで起きることに意味づけをし、ストーリーやドラマをつくる傾向があります。

「自分はどうすることもできない傷を負っている。こんなはずじゃない、もっと美しい自分であってしかるべきだと、物心ついた時から思っていました。実際に、生まれつき顔に傷があったことは理由のひとつですが、もしその傷がなかったとしても、自分が特別な傷を負っている別の理由を探していたのではないかと感じます」(30代　女性)

〈タイプ4〉にとって自分らしくあるとは、自分の心に正直であることです。ところが心はたえず移り変わるため、安定した自己感覚を持つことができず、人生を通じて「自分探し」をしているような感じがあります。

個性的で創造的ですが、芸術家とは限らず、デザイナー、主婦、公務員、会社員、経営者、弁護士など、さまざまな仕事に就いています。

健全度による違い

〈タイプ4〉は内面の世界に入る傾向がありますが、健全な状態では、現実とのバランスを保ち、自分の感情に流されず、現実的なことに取り組めます。

人生の深さや美しさに触れ、詩や演劇、音楽などを通じて、創造的に表現する人もいます。鋭い感性を見せますが、たとえ自分のことを語ったとしても、そのテーマ（人を深く思う気持ち、喪失感、あこがれ、死など）が普遍的なものであるがゆえに、他の人は心を動かされます。

ところが健全度が下がるにつれ、気分にムラが出て、自己陶酔的になります。自分の気持ちに対応してからでないと、仕事や生活などの現実的なことに取りかかれなくなります。うつになったり、きわめて不健全になると、心の痛みや混乱により、アルコールや薬物などに溺れることもあります。「空想の世界の自分」に見合わない現実の自分、そして救ってくれない人たちを憎みます。

人間関係については、健全であれば、人の個性を尊重でき、優しく接します。健全度が下がるにつれ、自分は理解されにくいと思い、打ち解けなくなります。同じ価値を共有し、自分を救ってくれる「理想的な相手」にあこがれます。ただ、その人と実際につき合って欠点が見えると失望して遠ざかり、また寂しくなると近づくということを繰り返す場合があります。

とらわれ

とらわれやすい感情は、「妬《ねた》み」です。自分が他の人たちとは違い、特別であることに存在意義を感じる一方で、他人は自分よりも安定していて幸福であるように見え、うらやましくもあるのです。他の人は自分にないもの、もっといい親や環境、容姿、運を持っていて幸福だろうと感じます。そして空想の世界に耽り、自分の特別な傷や欠けているものについて独特のストーリーやドラマをつくりだし、自分の感情をさらにかきたてます。

また、〈タイプ4〉の人は自分がアウトサイダーであり、どこにも所属できないという疎外感を感じます。気分が変わりやすく、感情的反応の中で自分を見失います。

親子関係

子供の時から、自分は本当にこの親から生まれてきたのだろうか？ と感じる人もいます。ある〈タイプ4〉の男性は、自分は父親と母親のどちらとも違うという感覚を持って育ち、子供の時に一緒に過ごしてくれた叔母さんが、本当の母親ではないかと夢想していたそうです。

親に対する違和感から、「理想的な親」へのあこがれを生み出します。それは本当の自分を見てくれる数少ない友人や、理想的なパートナーかもしれません。相手を理想化し、共に分かち合える素晴らしい人生について夢想します。

ただし、親子関係がとりたてて悪いとは限りません。自分自身が結婚し、子供を持った場合に、家族をとても大切にしている人たちもいます。

「永遠の子供」のような感覚があり、子供の心を大人になっても持ち続けます。

陥りやすい人生のパターン

「自分の存在には意味がないのでは」という恐れにつき動かされる傾向があります。そして、自分が存在している意味を感じたいと願います。

そのため、〈タイプ4〉がこれまで身につけてきた、生存するための「戦略」は、「自分の気持ちに正直であればうまくいく」というものです。恐れが強まり、健全度が下がるにつれ、過去からひきずっている気持ち（自分が特別な傷を負っていること）にしがみつきます。その結果、自分の可能性を制限してしまい、仕事や人間関係がうまくいかず、自分自身の存在に意味がないと感じます。

ジョニー・デップの場合も、自分はアウトサイダーであるという思いが強く、ハリウッドの主流である商業主義的な映画には出たくない気持ちが長くありました。けれども自分の子供と一緒にディズニー映画を見て、その良さを再発見、『パイレーツ・オブ・カリビアン』への出演につながりました。こだわりがなくなったことで、仕事の幅や可能性が広がったのです。

〈タイプ4〉の成長

成熟するにつれ、心が安定します。人生で起きるさまざまなこと（たとえ辛いことであっても）を深く感じながらも、感情に流されない「落ち着き」が出てきます。人間としてのうつわが大きくなり、執着が少なくなります。前向きで、人生が意味あるものと感じられます。

〈タイプ4〉にとって大切なのは、自分の内面の世界に入り込んでいくのではなく、目の前の一瞬一瞬を大切にし、地に足のついた生活をすることです。ある〈タイプ4〉の女性にとっては、初めて子供を持った体験がそうしたきっかけとなりました。

「若い頃は妊娠してお腹が大きくなり、醜い姿になるのは耐えられないと考えていましたが、今は生まれてきた命が美しいということに圧倒されています。出産や育児は、私にとっては特別なことだけど、女たちがはるか昔からずっと繰り返してきた、とってもありふれたこと。以前はありふれているものはつまらないと思っていたけど、こんなにありふれていながら素敵で素晴らしいことが本当にあるなんて」（30代　女性）

タイプ5　観察する人

思考タイプ

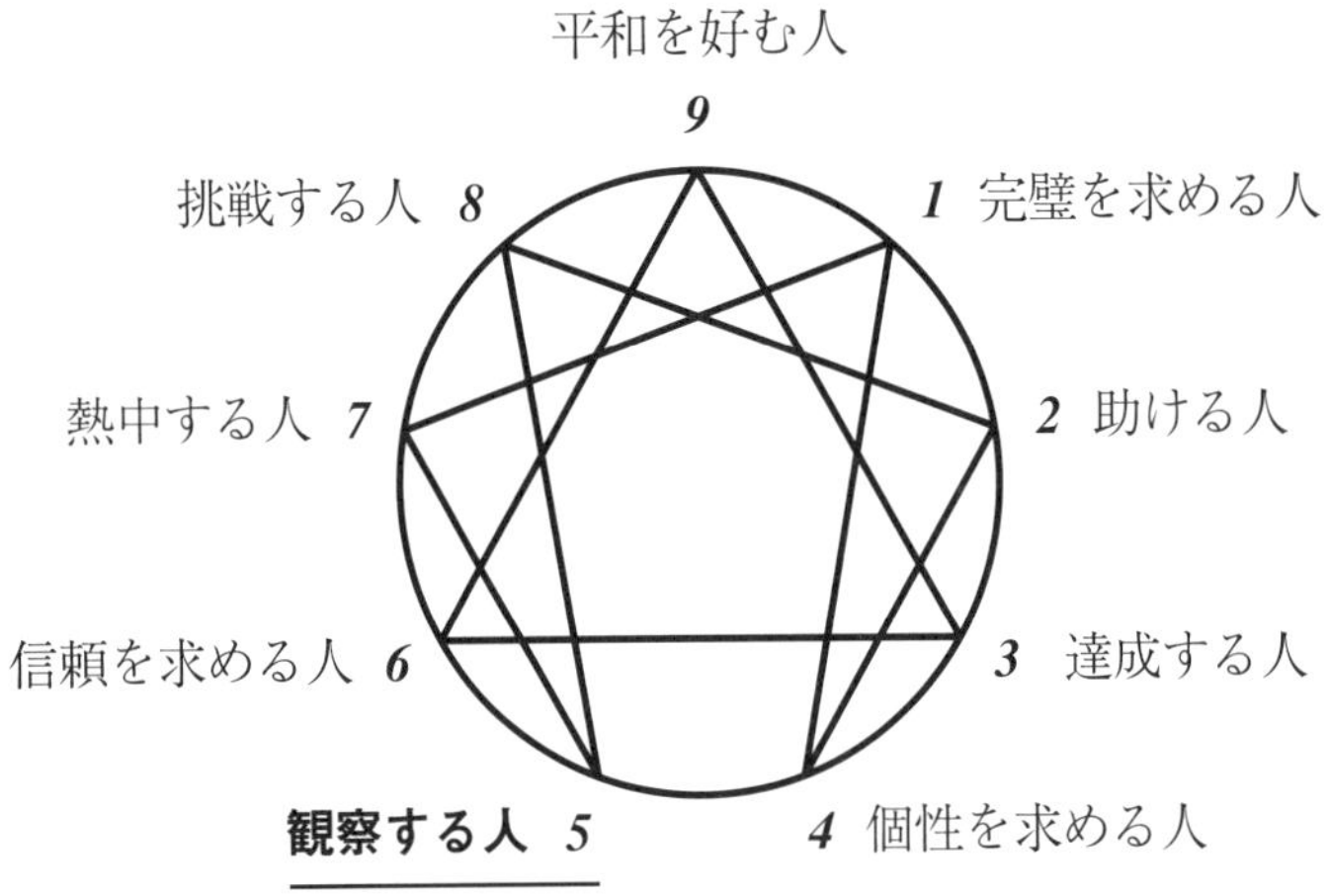

〔人物例〕ジョン・レノン、ビル・ゲイツ、ティム・バートン、スタンリー・キューブリック、手塚治虫、古畑任三郎、スナフキン

〔キーワード〕知、理性的、距離を置く、自己完結、独創的、アウトサイダー

〔とらわれ〕ためこみ

〔生きるための戦略〕何かに熟達したらうまくいく

ヘルマン・ヘッセの探求

〈タイプ5〉は孤高の人です。この宇宙はとても広大で、自分は圧倒されるほどちっぽけな存在だという世界観を、心の深層に持っています。だから、自力で生存していくには、力（専門的な知識や技術）を身につけなくてはならないと思っています。

ノーベル文学賞作家ヘルマン・ヘッセは、リソ&ハドソンの文献で、〈タイプ5〉とされています。彼の小説、たとえば『荒野のおおかみ』を読むと、あくまでもアウトサイダーとして生きようとする〈タイプ5〉の内面の世界が克明に描かれています。自分自身、生きる意味を探求し、苦しみながら深い自己分析を行ってきた作家ならではの、優れた心理描写に満ちています。

詩人としての鋭い感性と内面の激しさを抱えた人生は、困難に満ちたものでしたが、ヘッセは「共に悩む存在」として、多くの読者に心のこもったメッセージを送り続けました。この世界に生きる意味についての深いまなざしが、時代を超えた今でも多くの読者にインスピレーションを与え続けています。

〈タイプ5〉の基本的特徴

気質の輝きを表すキーワードは「知」です。

典型的な思考型で、好奇心が強く、観察力に優れます。何かに関心を持つと、集中的に知識や技術を習得し、関連分野へと関心が広がっていきます。興味があるものをいじったり、分解して解明しようとする場合もあります。オタク的ともいえます。

あまりよく知られていないこと、人があまり気づかないことについて詳しく知っていることで自分の居場所を見つけます。

広範囲な関心を持ち、引き出しを多く持っています。たとえばコンピュータ、音楽、ワインについての話し相手がそれぞれ別にいて、その人の全体を把握している人はいないかもしれません。

理性的で合理的であり、感情の起伏が少ないけれど、内に秘められた情熱はあります。自分ひとりで考え、結論を出すことを好むという、自己完結的な傾向があります。自分の考えが一番信頼できるのです。

多くの〈タイプ5〉が、自分はこの世界に属していないアウトサイダーであるという感覚を持っています。ものごとの渦中に巻き込まれず、距離を置いたところから何が起きているかを観察し、分析する傾向があります。

ある〈タイプ5〉の男性は、次のようなエピソードを語ってくれました。

「小学校の低学年の頃、長良川の鵜飼を見るために、お座敷船に乗ったことがあります。その時、船の右側で鮎が捕まるとそれに合わせて皆が右にば〜って移動するんです。当然、船は右に傾きます。僕はその動きとまったく反対の動きをしてたんです。人が右に行くと、僕は左に行く。そこにいた人たちは皆大人なのに、鵜のことに夢中になって、船がどうなろうと関係ない。小学生がひとり、鵜のことと、船の傾きのことを外から見て、今、僕のとる最適な行動はこうだって反対側に行ってるんですよね」(50代　男性)

〈タイプ5〉は内向的で、人から離れてひとりでいることを好みます。人からは変わっていると見られる場合もあります。

人とは直接気持ちを通わせてつき合うというよりも、自分が詳しく知っていることや、自分の得意な役割を通じて関わりを持つ傾向があります。パーティでは社交的なことは苦手かもしれませんが、ビデオで撮影したり、DJの役割を引き受けるかもしれません。もしくは職場で、コンピュータについてはその人が頼りだという存在になるかもしれません。

〈タイプ5〉の人は、斬新な発想の持ち主です。人の意見や慣習に頼ったり、流されることなく、他の人が思ってもみなかったようなことを考えます。通常、人が目を向けようとしない死や人生の暗黒面について思索する人もいます。そして世間の人が吟味することなく、暗黙の了解や前提で話していることに疑問を投げかけます。

健全度による違い

〈タイプ5〉の思考の使い方は、健全度によって違います。健全な状態であれば、思考が明晰で、洞察力が鋭く、未来を見通す先駆的ビジョンを持っています。

一方、健全度が下がるにつれ、感情的に不安定になり、思考が歪み、バランスを欠きます。調べ抜いて納得してからでないと行動できないと思い、ずっと準備していることになりかねません。

コミュニケーションについては、健全であれば、柔軟で優しく、寛容な面が現れます。また、知識や観察力、ウィット（機知）により、人を楽しませます。健全度が下がると、人間関係が苦手になり、打ち解けません。自分にとって安心できる頭の世界から離れ、感情を伴う人間関係に関わることは、圧倒される気持ちがします。また、相手の気持ちに思いが至らず、唐突にズバッと相手を傷つけるようなことをいったりします。

社交的な会話が苦手です。クラシック音楽については詳しくても、たわいもないお天気の話や、異性をデートに誘ったりするのが不得手かもしれません。考えていることを人にいわない傾向があり、自分の空間や時間に立ち入られたくないため、他の人はどう関わっていいか、接点を持つのに苦労します。

また、自分は人よりも頭がよく、周囲はバカばかりだと感じます。挑発的な皮肉をいったり、相手が理解できないことや不安になるようなことをいったりします。人から離れ、引きこもる傾向が強まり、ネットやゲームに熱中して妄想的な思考に入り込みます。

不健全な状態がさらに進むと、自分がとても無力であるように感じ、周囲の世界が不吉なものに思えます。不眠が続くこともあります。

とらわれ

とらわれやすい感情は、伝統的なエニアグラムの言葉でいうと「ためこみ」です。自分が持っている資源（時間、エネルギー、知識など）を外に出さずにためこもうとします。なぜなら、人に多くを求めない自分は、必要最小限しか備えておらず、ためこまずに人に提供すると、すぐ枯渇してしまうように感じるからです。自分の大切な時間を奪われることを好まず、自分にとって重要な情報に執着し、収集します。また、考えや気持ちも「ためこみ」、自分が考えたり、感じていることを人にいわない傾向があります。

親子関係

〈タイプ5〉の子供は通常、自分の世界を持っていて、ひとりで何かに没頭し、長い時間を過ごします。本やゲームに熱中することもあります。何を考え、何に興味を持っているかを自分から話すことはあまりありません。

親からすると、変わっていて理解しにくい子供だと感じることも多いです。子供からすると、家族の中で安心を感じられず、居場所がないように感じる時があります。〈タイプ5〉が親に望む関係は、「自分に対し、多くを求めないでほしい。自分も多くを求めないから」ということです。親の存在にプレッシャーを感じ、接近されることを好みません。この傾向は大人になっても変わらず、お互いに自立した関係を求めます。

陥りやすい人生のパターン

〈タイプ5〉の人は、「自分は無力で無能なのでは」という恐れにつき動かされる傾向があります。そして、知識や技術を習得することで自分に力があることを感じたいと願います。人生でこれまで身につけてきた、生存するための「戦略」は、「何かに熟達したらうまくいく」というものです。

けれども恐れが強まり、健全度が下がるにつれ、自分が一番安心できる頭の中の世界に安住し、現実的な問題に取り組むことができなくなります。何かに熟達するまでは行動を起こせず、ずっと準備していて、自分の人生が本格的に始まらないような感覚があります。そのため、結局は無力感にとらわれてしまいます。

〈タイプ5〉の成長

〈タイプ5　観察する人〉は問題を抱えていても自力で何とかしようとするため、人に助けを求めることはあまりありません。考え方を変えて、誰かに相談に乗ってもらうことで、危機を乗り越え、成長のための足がかりをつかむことができます。

成長するにつれ、自分の考えに対する執着が少なくなり、「解放」されます。頭の中で考えすぎることが少なくなり、現実感を取り戻します。自分の考えに執着しないでいると、必要なことが直感的に分かるようになります。それは静かで、平和な気持ちをもたらしてくれます。

タイプ6　信頼を求める人

思考タイプ

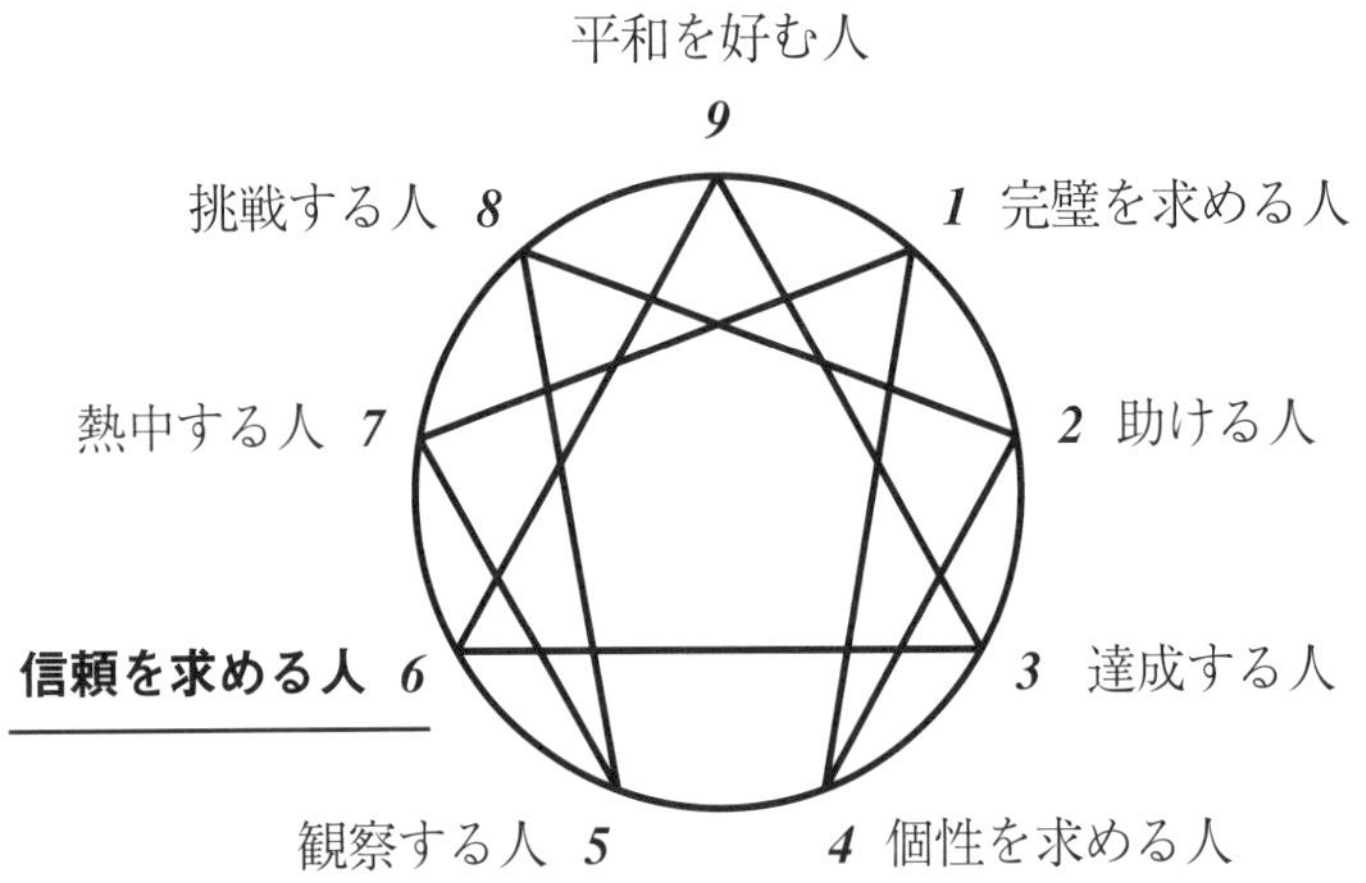

〔人物例〕ウディ・アレン、トム・ハンクス、ダイアナ妃、ジュリア・ロバーツ、メグ・ライアン、『スター・ウォーズ』のルーク、『ドラえもん』ののび太

〔キーワード〕信頼、純粋、頑張る、矛盾、反応、不安

〔とらわれ〕不安

〔生きるための戦略〕周りから期待される通りにすれば、うまくいく

大いなるものへのまなざし

〈タイプ6〉の人は心の深層で、自分を超えた大きな存在とつながっているという感覚を持っています。

写真家の故星野道夫さんは、亡くなった後もその作品を通じて、人智を超えた自然の美しさを伝え続けています。著書やインタビュー映像、彼の人となりについての資料からすると、〈タイプ6〉の優れた例であることを感じさせます。〈タイプ6〉の典型例のひとつは、自分が信じることを「道」のように深く追求し続けることです。

19歳の時、神田の古本屋で見たイヌイットの村の写真に魅せられ、アラスカに渡ります。それから20年。現地の人々と生活を共にし、深く交流する中で、大いなる生命への畏怖と愛を表現し続けました。

彼がロシアのカムチャツカ半島でヒグマに襲われ、43歳の生涯を閉じたことは、彼を愛した者たちに深い悲しみを与えました。

彼が残したメッセージは、生命あるものはいずれ死んでいくけれども、死は終わりではなく、大いなる生命の中に引き継がれていくということです。

〈タイプ6〉の基本的特徴

気質の輝きを表すキーワードは「信頼」です。自分が何を信じることができるか、というのが人生の大きなテーマです。

安定指向で、頼りになる人や考え方、組織を求めます。これまでうまくいったやり方や、多くの人が賛同する意見を選ぶ傾向があります。「自立して生きていかなくてはいけない」と思いますが、そのために支えや導きが必要だという矛盾した感覚があります。

思考タイプですが、感情も豊かで、直感力に富む人もいます。〈タイプ6〉の一般的な特徴は、何かの考えが頭に浮かぶと感情が湧いてきて、さらには心で感じたことにより、思考が活発になるというように、頭と心の間を行ったり来たりすること。あたかも心の中にプラスとマイナスの両極があり、その間を行き来するかのようです。両極性は矛盾につながります。忠実かと思うと反抗的だったり、疑い深いと思ったら急に信じ込んだり、慎重かと思うと大胆です。「性格が分かりにくいと、いろんな方にいわれます。自分の中では両方真実なのですが、なんで昨日いっていたことと違うのだろうと思われることも多いようです」（30代　女性）

真面目で、人に気を遣います。〈タイプ6〉の人にとっては、安心できる人間関係が大切であり、見捨てられることを恐れます。そのためにも人の期待に応えようと頑張る傾向があり、相手に合わせすぎて自分の気持ちが分からなくなります。

問題になりそうなことを、いち早く察知し、指摘するのも〈タイプ6〉の特徴です。「不安のアンテナ」が発達していると表現する人もいます。この能力は、トラブルを未然にふせぐために、仕事や生活上で役立てることができます。

健全度による違い

健全な状態の〈タイプ6〉は、自分を信じ、責任感が強く、誠実で、真剣にものごとに関わる努力家です。ひとつの道をきわめるなど、本質的な生き方により、尊敬される人もいます。

素直で謙虚であり、違う価値観を受け入れるうつわの大きさがあります。とても純粋で、その生き方に多くの人が惹きつけられます。フレンドリーで人の気持ちが分かり、忠実かつ献身的に家族や仲間に尽くします。

健全度が下がると、自分の考えに自信が持てなくなって、信頼できる人や考え方、組織への依存度が高まります。信じようとする気持ちと、疑う気持ちとの間を揺れ動き、権威ある人物（先生、親、上司など）に忠実だったかと思うと、反発したりします。頼りにする相手に問題があると思うと批判し、非難しながらも、離れようとはしません。見捨てられる不安が高まります。

現実をよく確認しないまま思い込みを抱きます。悲観的になったり、疑い深くなったりします。不安が強くなるほど、ルールや枠、原理をかたくなに守ろうとし、最悪の事態を考え、人が不安になるような噂話や陰口をばらまくこともあります。

人に感情をぶつけることによって、本音を引き出そうとするかもしれません。「普通の人」が、突然キレることもあります。自分より弱い存在に八つ当たりをしたり、そばに置いてある物を蹴ったりして感情を発散します。被害者意識が強まり、クレーマーになることもあります。本来が真面目で責任感が強いので、ストレスをためこみ、不眠やうつになるかもしれません。アルコールや薬物の依存症に要注意です。さらに不健全になると、強迫観念や妄想を抱いたり、執念深くなったりすることもあります。

とらわれ

〈タイプ6　信頼を求める人〉がとらわれやすい感情は、これから何が起きるか分からない、どうしたらいいか分からないという「不安」です。その多くは現実に基づいておらず、「こうなるかもしれない」という、推測にすぎません。

そして安心のよりどころである人たちから見捨てられることを恐れ、大丈夫であることを確認したいと思います。ある〈タイプ６〉の女性は、次のように語っています。

「これから生きていけるのだろうか？　というのが常に自分のテーマとしてあります。食べていけるんだろうかとか、私は居場所があるんだろうかとか、そういうことをすごく恐れていると、エニアグラムを勉強してきて気づきました」（30代　女性）

それでは、不安にはどう対応したらいいのでしょうか？　ただ感情的に反応するのではなく、「ああ、自分は不安になっているんだ」と気づきましょう。その気持ちを感じながら深呼吸していると、落ち着いてきます。

親子関係

〈タイプ６〉の深層心理においては、父親的存在が重要です。実際の父親だけでなく、成長してからも、自分が頼りにする先生や上司などの期待に応え、喜ばせようと、一生懸命勉強したり、尽くしたりします。

多くの〈タイプ６〉の人が子供時代はいわゆる〝いい子〟で、周囲の期待に応えていたといいます。ただ、自分の気持ちを抑えていた反動から、後になって自分らしく生きていないという感覚に陥ることもあります。「アダルトチルドレン」という問題もそこから派生しています。育つ過程で多くのストレスを受けると、摂食障害（過食／拒食）になる場合もあります。

父親の存在感が安定したものであれば、〈タイプ6〉の子供の自立を助けることになりますが、父親の不安が大きかったり、逆に強圧的な場合、自立のプロセスはうまくいかず、不安が大きかったり、反抗的になることがあります。この親子関係のパターンは大人になってからも、上司や先生など、何らかの権威的人物との間で繰り返されます。

陥りやすい人生のパターン

「自力では生存できないのでは」という恐れにつき動かされることがあります。この先、自分が生きていけるか不安で、自分の居場所がないことを恐れます。

〈タイプ6〉が人生で身につけてきた、生存するための「戦略」は、「周りから期待される通りにすれば、うまくいく」というものです。

けれども恐れが強まり、健全度が下がるにつれ、周囲からの期待に応えようとしてひとりで先走り、無理を重ね、心身のバランスを崩してしまいます。被害者意識が強くなり、何かにつけ人のせいにしがちです。

〈タイプ6〉の成長

成熟するにつれ、「恐れ」から「目覚め」へとシフトしていきます。恐れがあったとしても、それを排除しようとするのではなく、向かい合うことができます。

私たちが主催した、リソ&ハドソンのエニアグラムのトレーニング・プログラムに参加した〈タイプ6〉の女性は、次のように語っています。

「私はずっと、『心を開く』ことは、閉じた自分の『殻』を壊して、頑張って開いていくことだと思い込んできました。でも、トレーニングを受けて、考えが変わりました。『心を開く』とは、ただ、自分の心の声に耳を傾けること。自分の気持ちに正直になって、現実をそのまま認めればよかったのです」（30代　女性）

自分が大きな流れに支えられていること、どんな変化が起ころうとも、確かな何かが、過去から未来へと続いていくことを信じられるようになります。

タイプ7　熱中する人

思考タイプ

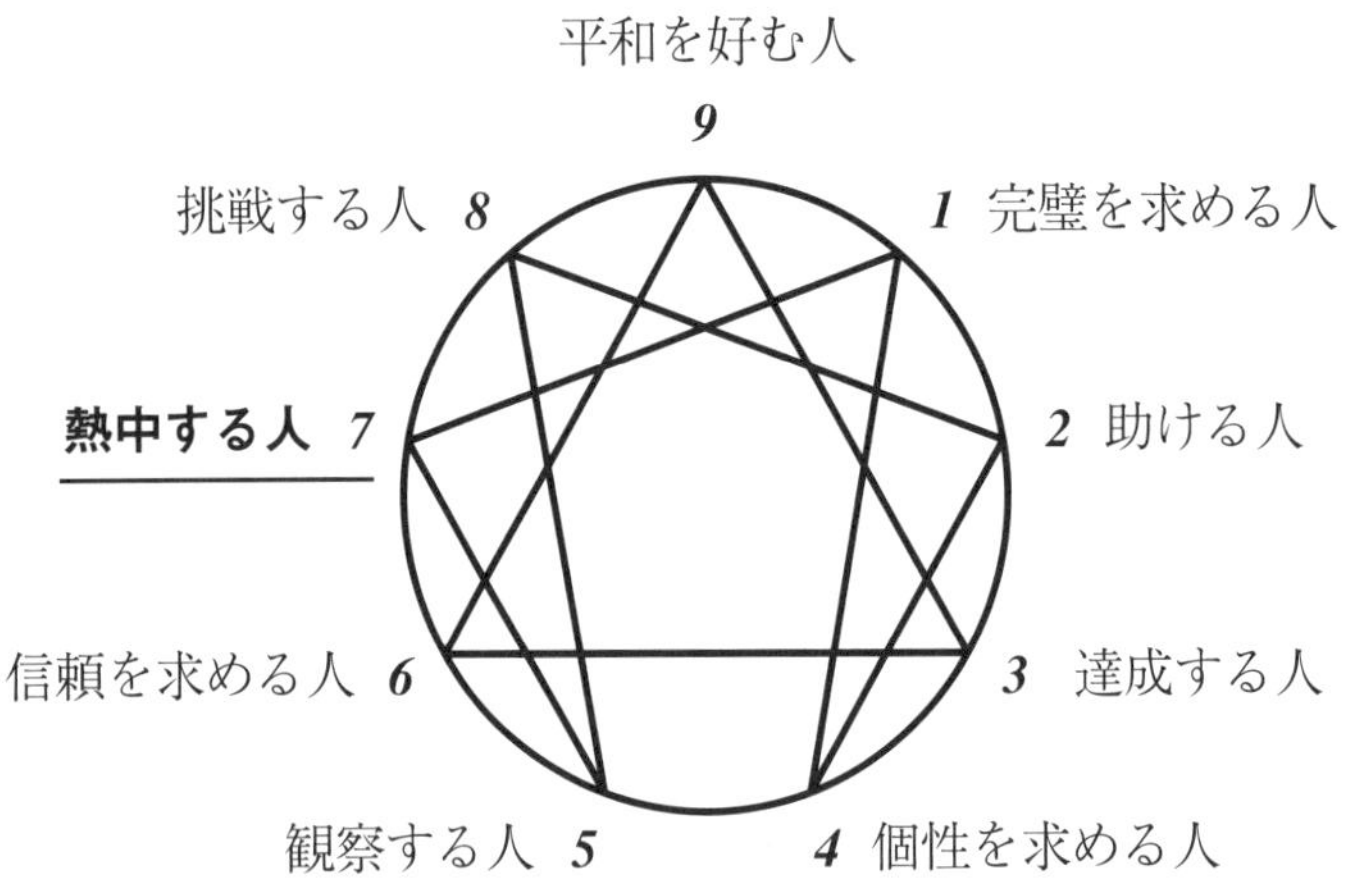

〔人物例〕ダライ・ラマ14世、モーツァルト、ジョージ・クルーニー、ジム・キャリー、ジャック・ニコルソン、ケイト・ブランシェット、『ドラゴンボール』の悟空

〔キーワード〕喜び、好奇心、楽しい、楽観的、自由、考えてすぐ動く

〔とらわれ〕貪欲

〔生きるための戦略〕満足するものを手に入れたら、うまくいく

無限の世界

〈タイプ7〉の人は心の深層で、この世界の素晴らしさを驚異的なものとして捉えています。刻一刻と変化し、息をのむほどの美しさを見せる自然に、神秘的なものを感じます。

フランスのフリーダイバーであり、映画『グラン・ブルー』のモデルともなった故ジャック・マイヨールは、素もぐりで、人類史上初めて100メートルを超える記録をつくりました。彼の人柄についての記録を読むと、〈タイプ7〉の傾向性が表れています。

彼はイルカの習性から潜水を学んだそうです。また、ヨーガや禅も学び、呼吸についての理解を深めました。潜水する前に瞑想を行い、自分がイルカになったことを感じてから素もぐりを開始しました（イルカは、〈タイプ7〉の自由さ、遊びっ気の象徴でもあります）。マイヨールは次のように語っています。

「深海の世界に入ってゆくと、そこにはなんの制約もなく、心が無限に広がっていく。完全な静寂と平和がある」（『ガイア・シンフォニー』より）

残念ながら晩年はうつに悩まされ、自ら命を絶ちましたが、彼が遺したメッセージは変わることなく、今も多くの人々の心に残っています。それは人間や自然、宇宙に対する畏敬の念と愛情でした。

〈タイプ7〉の基本的特徴

気質の輝きを表すキーワードは「喜び」です。人生は素晴らしいものであり、楽しくありたいと思います。好奇心が強く、冒険やワクワクすること、新しいことに興奮し、熱中する傾向があります。対象は体験や人、仕事、具体的な物など、さまざまです。「楽しい」「すごい」「素晴らしい」が口ぐせで、感嘆や感激の言葉が多いのが特徴です。

前向きな性格であり、快活でエネルギッシュ。失敗を恐れず、いろいろなことにチャレンジします。人生は何とかなる、大丈夫だろうという感覚があります。

思考タイプですが、欲しているものを確実に手に入れる（ゲットする）ためにすぐ動く傾向があります。そして、動いているうちにさらにアイディアが湧いてきます。

視覚や聴覚などを通じていろいろな情報が同時に入ってきて、次から次へと考えが浮かびます。多才で、複数のことを同時に行うこともあります。たとえば数冊の本を並行して読む、複数の仕事を同時にこなすなど。そのため、スケジュールがいっぱいになりがちです。

〈タイプ7〉は、無邪気で自然体です。自由を愛し、フレンドリーで適応力があり、初対面の人にも親しく話しかけます。人の輪の中心になって楽しく場を盛り上げるムードメーカーでもあります。

ただ、嫌なことがあってもすぐ気持ちを切り替え、問題に深く触れないようにしたり、マイナスの感情にフタをする傾向があります。明るくて悩みがないように思われがちですが、実は繊細です。神経質になっている時こそ、冗談を飛ばすこともあります。

悪気がなく、思わずいったことが人を傷つけてしまい、罪悪感を感じたりします。

「たとえば携帯で読んだ情報に夢中になり、そばにいた人に、いきなり熱心に話しかけてしまって、しばらくしてから気づいたりします。空気が読めなかったなと思うと罪悪感を感じます」(30代　男性)

健全度による違い

健全な状態の〈タイプ7〉は、前向きで、失敗を恐れず挑戦する強い意志を持ち、新しい可能性を切り開いていきます。多才で、器用であるため、並外れた達成を遂げることもあります。人生で出会う問題や課題から逃げずに取り組むことができます。

自分が求めているものが本当に必要なものか、それとも心のすき間を埋めるための衝動的なものかを見分けます。満足させてくれるものを追い求めるのではなく、与えられたものに感謝の気持ちを持っています。特別な体験でなくても、目の前のシンプルな喜びを味わうことができます。一杯のお茶をゆっくりと深く味わうように。

健全度が下がってくると、神経が興奮状態になり、テンションが高くなります。アイディアを出すことは楽しいものの、実現するための細かい作業が苦手で、形にするための期限が近づいてくると、イライラします。自分のペースに周りがついてこられないと感じ、「遅すぎる、もういいから自分でやる」といいだすこともあります。

意識が散漫になり、多くのことに衝動的に手を出します。腰を落ちつけて、集中的に取り組むことができません。

人間関係においては、健全であれば周囲の人たちに愛情深く接します。人の話によく耳を傾け、相手の気持ちを汲み取り、親身に相談に乗ります。健全度が下がるにつれ、自己主張が強く、自分が関心のあることを一方的に話し続けます。また何かをどうしても手に入れなければと思うと、無理矢理に突き進んで周りが見えなくなります。

計画したことをなかなか実行できず、欲求不満がたまり、状態が悪くなると、パニックやそううつになることもあります。心の痛みから逃れるために、アルコールやショッピングなどの依存症になる例も見られます。

とらわれ

〈タイプ7〉がとらわれやすい感情は、「貪欲」です。刺激的な体験をしたり、多くのものを手に入れ、ワクワクすることにより、内面の空虚さを埋めようとします。快楽や刺激的な考えによって、自分の中のネガティヴな気持ち（不安、不満、痛み、悲しみなど）から気を逸《そ》らそうとします。満足できない場合、もっとほしい、とつき動かされます。が、手に入れたものをじっくりと味わうことができないためにいつまでも満たされません。

〈タイプ7〉は、いいものは全部自分の外にあるという感覚を持っています。自分が幸福でいるために必要なものを誰もくれないから、自ら出かけていってゲットしなければならないと感じるのです。求めているものを見つけたら、幸福に暮らせると思うのですが、外にばかり満足を求めているために、自分自身とのつながりを感じにくく、常に満たされないと感じています。

親子関係

深層心理においては、母親との関係が重要なテーマとなっています。〈タイプ7〉の人は、人生において満たされたいという思いが強いのですが、子供の時にもっとも身近なところで欲求を満たしてくれるはずの母親は、自分が望んでいたものを提供してくれませんでした。必ずしも母親との仲が悪かった訳でも、母親が十分面倒を見てくれなかったという訳でもありませんが、自分が望むものを得られないと感じたのです。そのため、二度と失望したくないので、欲しいものは自分でゲットする、自分のことは自分で面倒を見る、と無意識に心に決めました。

陥りやすい人生のパターン

〈タイプ7〉の人は、「自分は満たされることはないのでは」という恐れにつき動かされる傾向があります。そして、満たされ、幸福でありたいと願います。人生でこれまで身につけてきた、生存するための「戦略」は、「満足するものを手に入れたら、うまくいく」というものです。けれども恐れが強まり、健全度が下がってくると、満足するものをどんなに外に求めていっても、満たされることはありません。

「隣の芝生は青く見える」ことに注意する必要があります。人生の重要な選択において、自由や可能性を求めるあまり、すでに与えられていた大切なものを失ってしまうことのないように気をつけましょう。

あまりにも満足を追求しすぎると、逆に周囲からコントロールされる結果となり、結局は自分が恐れていたように、行動や思考を制限され、満たされないことになります。

〈タイプ7〉の成長

成熟するにつれ、心が穏やかで満たされた、「今、ここ」の瞬間に生きている深い喜びを感じることができます。地に足がついていて、興奮状態に持っていかれることがありません。生きる喜びを、外的な体験やできごとに求める必要がないのです。今、ここにいる自分で十分だという感じがあります。

さまざまな考えや思い込み、焦燥感や執着から解放され、自由な感覚や充足感を味わうことができます。自分に与えられた、あらゆるものに対する感謝の気持ちに満たされます。

タイプ8　挑戦する人

本能タイプ

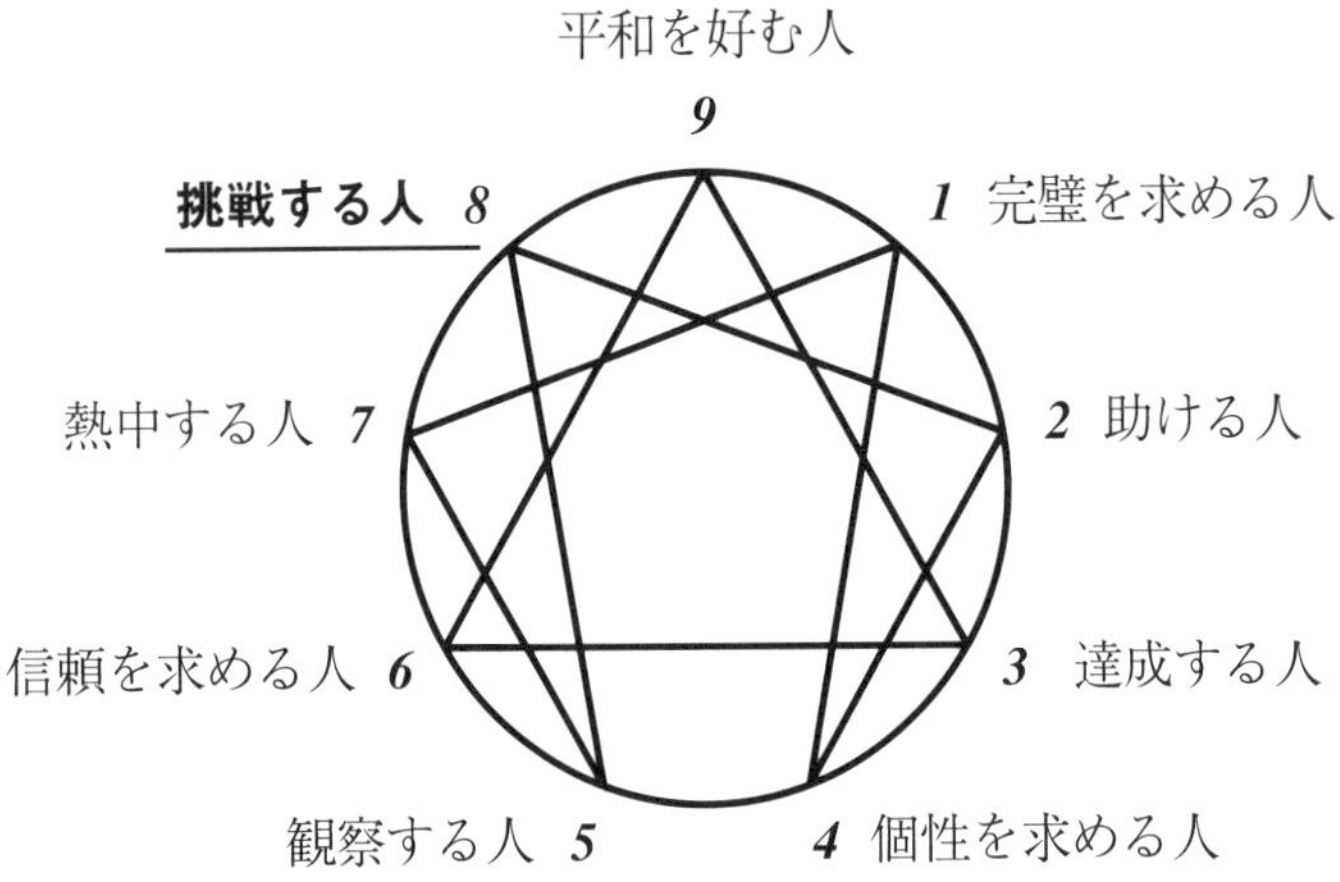

〔人物例〕 インディラ・ガンジー、アーネスト・ヘミングウェイ、フランク・シナトラ、ジョン・ウェイン、ショーン・コネリー

〔キーワード〕 力、腹がすわっている、タフ、自信がある、現実的、率直、仕切る

〔とらわれ〕 欲望

〔生きるための戦略〕 自分がタフで、場の主導権を握れば、うまくいく

愛ある強さ

〈タイプ８〉の人は心の深層で、この世界が生き生きとし、豊かさにあふれたものと感じています。

黒人解放運動で有名なマーティン・ルーサー・キング牧師は、エニアグラムの文献で、〈タイプ８〉の優れた例とされています。人間の平等と人間愛を求めた彼の解放運動は、マハトマ・ガンジーに影響を受け、「非暴力主義」を旨としていました。その姿勢により、世論の共感がしだいに高まり、一九六三年にワシントンにて25万人に上る支持者がワシントン大行進を行いました。

その際のキング牧師の「私には夢がある」で始まる力強いスピーチを聞いた多くの人が深く心動かされ、涙しました。それはジョン・F・ケネディの大統領就任演説と並んで、歴史に残る名演説とされています。

〈タイプ８〉の基本的特徴

気質の輝きを表すキーワードは「力」です。威厳があり、存在感があります。現実的な考え方を持っていて、自信に満ち、はっきりものをいいます。挑戦することを好みます。ものごとを判断する時には、腹からくる本能的直観を信じます。そのため、時として思い込みが強く、頑固になり、人の意見を聞き入れないことがあります。

自分のやり方に自信を持っていて、その場を仕切る傾向があります。『マイウェイ』という曲の歌詞は〈タイプ８〉の特徴を表現しています。歌っているフランク・シナトラも、リソ＆ハドソンの文献で〈タイプ８〉とされています。

独立心が強く、人に頼ったり、助けを求めることはあまりありません。逆に人から頼りにされることはよくあります。

自分は強いという自己感覚があり、弱さを認めたくありません。そのため、タフにふるまったり、ものごとを斜めに見たり、シニカルになる傾向があります。そして他の人にも、しっかりしろといいたくなります。隠しごとをしたり、とりすました態度でいる人を信用できず、率直な関わりを求めます。

心を開くことや愛情を表現することは、弱みを見せることにつながると感じます。それだけ繊細なのであり、傷ついたり、自信をなくしたり、自己嫌悪に陥る時もあります。

情に厚く、センチメンタルな面もありますが、それを隠しているので、周囲の人になかなか理解されません。そして自分が誤解されていると思って傷つき、周囲と距離を置きます。

不快に思うことがあると、感情をそのまま出して人を傷つけてしまう場合もあります。一方で、子供や動物に弱いところもあります。

健全度による違い

健全な状態における〈タイプ8〉は、決断力に富み、統率力があり、周囲の人は信頼してついていくことができます。面倒見がよく、目下の者や弱い立場の者を守り、力を貸します。ゆったりと構えていて、うつわが大きく、太っ腹で、寛容です。素直に自分の愛情を示し、心配ごとを話すことができます。また、自分を支えてくれる人に対して、感謝の気持ちを表現します。

健全度が下がってくると、力ずくでも自分のやりたいことを通します。競争心が強くなり、自分がいかに重要な存在かを周りに分からせようとします。金や権力、財産、実績、名声などを、実態以上に誇張することがあります。また、これからの夢や計画を大げさにいう時もあります。

気難しく、けんか腰になり、自分が欲していることを人にやらせようと圧力をかけます。自分の弱さは決して認めず、相手の弱点をつつきます。人を支配したり、操ろうとし、敵か味方かという意識が強くなります。自分の側についたり、頼ってくる人に対しては面倒をよく見ますが、相手を自分に依存させ、恩着せがましくなります。

激しい怒りを見せ、猜疑心が強くなります。自分の思うようにならず、力が発揮できない状態が続くと、自信を失い、うつになる場合もあります。不健全な状態が進むと、執念深く、攻撃的になります。暴力的で破壊的になることもあります。自分が築き上げたものを失うぐらいなら、自分で破壊しようとします。きわめて不健全な例として、リソ＆ハドソンの文献の中で、イラクの故フセイン大統領が挙げられています。妄想を抱いて反社会的になり、専制君主のように振る舞い、人を駒のように動かすのです。

とらわれ

〈タイプ8　挑戦する人〉がとらわれやすい感情は、「欲望」です。この「欲望」は、リソ＆ハドソンの説明では、「強烈さを求める」という意味です。仕事でも人間関係でも、できるだけ確かな手応えを感じたい、同じ体験でも、より強烈に体験したいのです。誰かと普通に議論するよりも激論した方が、自分のパワーを実感できます。

〈タイプ8〉はこうした手応えを感じるために、周囲に対して自分の意思を強く主張し、挑戦的になりがちです。そうすると自分の素直な気持ちを大切にできず、人との関係に距離ができてしまい、かえって手応えを感じなくなってしまいます。そこでさらに強烈に周囲に働きかけてしまうという悪循環が生まれます。この傾向は不安になればなるほど強まります。そうではなく、心に余裕を持ち、リラックスしていれば、自分が生きている手応えや自由な感覚を自然に感じることができます。

親子関係

〈タイプ8〉の深層心理においては、母親的存在とのつながりが重要なテーマになっています。そして、自分が父親的な役割を引き受けることで、相手に母親的なケアを期待します。温かさや思いやりを自分から表すことはなかなかできないのですが、受け取ることは求めています。〈タイプ8〉の望む母親的ケアは、自分に温かく接してくれることですが、実際の母親がそういう人でなかった場合、気を許すことができる人が他にいたかもしれません。

子供の頃から、家族の中でしっかりとした大人の役を果たすことが多く、父親的役割を担う人が多いといえます。この世界でサバイバルしていくためには、弱みや優しさを見せることが邪魔になると考えます。

人に拒絶されたり、裏切られたような感覚があります。そのため、大人になってからもどうせ自分は嫌われ者、と思い込み、孤立感や怒りを覚えます。自分よりも相手が悪いと思う傾向があります。

陥りやすい人生のパターン

〈タイプ8〉の人は、「人に傷つけられ、コントロールされるのでは」という恐れにつき動かされる傾向があります。そのため、自分のことは自分で守り、主導権を握りたいと願っています。人生でこれまで身につけてきた、生存するための「戦略」は、「自分がタフで、場の主導権を握れば、うまくいく」というものです。

恐れが強まり、健全度が下がっていくと、無理矢理に場をコントロールしようとする傾向が強まります。そうすると周囲は脅威を感じ、〈タイプ8〉の人を抑えにかかることになり、結局は恐れていることを実現してしまいます。

〈タイプ8〉の成長

成熟するにつれ、「無垢」の気持ちになります。それは子供時代の無邪気さとは違います。心を開き、自分の中の繊細で柔らかい部分に触れているからこそ、本当の意味の強さを自分の中に感じられます。心のうつわが大きくなり、自分自身や他の人、世界に対し、優しくあることができます。

「以前は、自分が経営していた会社の社員に対して、スパルタ教育といわれるほど、強く、厳しく接していました。ところが引退後、四国へお遍路に出かけた体験が自分を変えました。お遍路道は、豊かで大きな自然と出会う旅です。圧倒的な自然の前では、自分の力を超えた大きな力に委ねるしかありません。そうした体験の中で、生きとし生けるあらゆるものへの感謝の気持ちが芽生え、これからは周囲の人に対しても、もっと優しくありたいと思いました」（60代　男性）

タイプ9　平和を好む人

本能タイプ

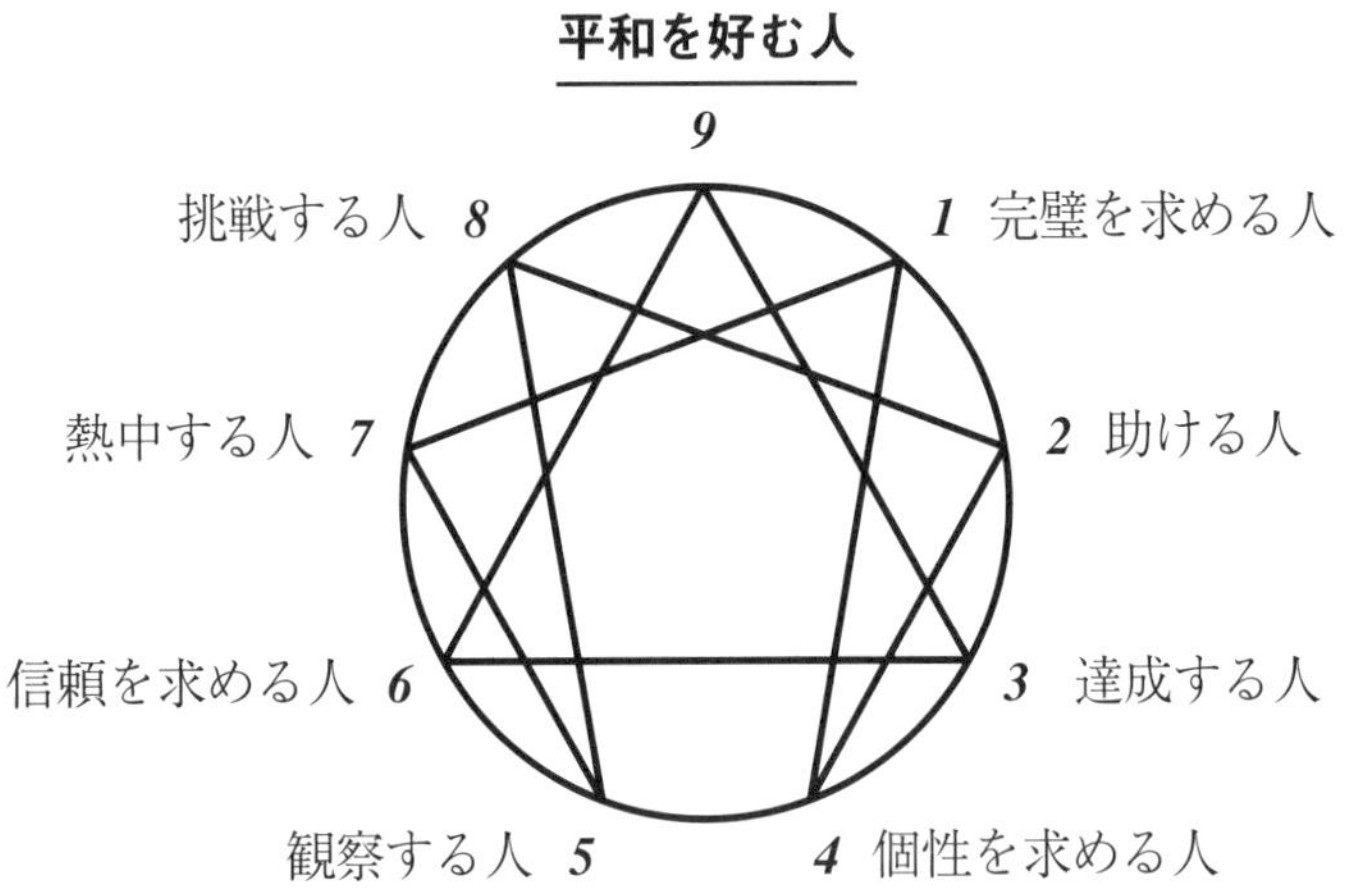

〔人物例〕 リンゴ・スター、ジョージ・ルーカス、フランシス・コッポラ、ムーミン

〔キーワード〕 平和、気楽、理想化、現状維持、調和、面倒くさい、頑固

〔とらわれ〕 怠惰

〔生きるための戦略〕 周りの人に問題がなければ、うまくいく

〝あるがまま〟を大切に

〈タイプ9　平和を好む人〉は心の深層において、自分が調和的で平和な世界の一部分であると感じています。

「統合医療」のパイオニアであり、ベストセラーの著者でもあるアンドルー・ワイル博士は、アメリカの『タイム』誌で、「世界でもっとも影響力のある一〇〇人」に選ばれたことがある医師です。筆者の友人でもありますが、〈タイプ9〉の素晴らしい例であると思われます。

植物に魅せられ、ハーヴァード大学で植物学を修めた後、同大学医学部を卒業。世界中の薬用植物を研究して回り、人間にもともと備わっている自然治癒力への理解を深めていきます。

彼の活動は最初、地道なものでしたが、医療システムが破綻しかかっているという時代状況の中で脚光を浴び、全米有数の大学医学部で統合医療の教育プログラムが導入されるようになりました。また、一般の人向けには、予防医学的な観点から、日常で実践しやすい健康なライフスタイルや自然療法についてアドバイスしています。

誰からも好かれる穏やかな人柄ですが、その発言は決してぶれることがありません。「達磨さん」のような外見通りの、大きなうつわを感じさせる人物です。自然治癒力という考え方は、〝あるがまま〟を大切にする〈タイプ9〉を象徴しています。

〈タイプ9〉の基本的特徴

気質の輝きを表すキーワードは「平和」です。穏やかでのんびりした性格で、人に安心感を与え、気持ちを和ませます。「癒し系」とされる場合もあります。ものごとは、結局は何とかなるだろうという楽観的な考え方を持っています。

〈タイプ9〉にとって、場（人も含め）の雰囲気や環境が、和やかで居心地よいということが大切です。気持ちよく寝たり、おいしいものを食べたり、好きな人といるといったささやかな幸福を感じることができる空間です。

その場に緊張があると、心の平和がかき乱されます。誰かがいい争っていると、たとえ自分のことでなくても、心が騒ぐのです。自分から波風立てることはなく、内心いいたいことがあっても、黙っている時があります。

時々、自分の中の気持ちのよい空想の世界にふっと入っていきます。それをリソ＆ハドソンは「内なる聖域」と呼んでいます。独り言をいったり、頭の中でストーリーを創っている時もあります。上の空になり、現実からずれていってしまうこともあります。

自分のペースを守るため、時にはひとりで過ごす時間と空間が必要です。しかし、確かに居心地のよさは大切ですが、慣れ親しんだパターンにはまってしまうと、世界が狭くなり、限界を感じるようになってしまいます。

〈タイプ9〉はふだん、自分のことを後回しにして、人の面倒を見ることが多いのです。そのため、「この快適さ（楽しみ、大事なもの）だけは渡さない」という何かを持っています。その大事な部分まで奪われそうになると、突然激しく怒る時があります。

場の全体の雰囲気をつかみ、いいムードにする助けができますが、反面、自分が自己主張すると、平和な場が壊れるように感じます。控えめな傾向があるため、持っている才能や情熱を周囲も十分理解していないかもしれません。

健全度による違い

健全な状態にある時は、安定感と存在感があります。想像力に富み、ものごとに前向きです。うつわが大きく、穏やかで活力に満ち、自信があります。周囲に緊張がある場合は、公平な立場で辛抱強く、仲裁に入ります。自分からは積極的に近づいていきませんが、よき聞き役となってくれます。

健全度が下がってくると、表面的に周りに合わせ、葛藤を避けたり、実態よりも理想化して考えます。自分の慣れ親しんだやり方を頑固に守ろうとし、怒りや不満を直接表現せず、「暗黙の抵抗」で示します。

たとえば誰かに頼みごとをされた時、その場はハイハイと答えて、実際にはなかなかやらない。あるいは意見を求められても、反応が鈍くなって、押し黙ってしまうといったこともあります。

自己評価が低くなり、自分はいてもいなくても同じだと考えがちです。あまり意見をいわず、積極的にものごとを進めないことによって、不和の原因となることがあります。変化や成長を遂げたいにもかかわらず、なかなか積極的な行動を起こせないのが悩みです。周りの人から気持ちが離れ、心地よい空想や習慣、ふて寝などに耽ります。面倒くさいという気持ちが強まります。さらに状態が悪くなると、落ち込んだり、やる気が出ないなど、うつにもなります。

とらわれ

〈タイプ9〉がとらわれやすい感情は、「怠惰」です。「怠惰」は、エニアグラムにおいては、さぼっているという意味ではありません。自分の慣れ親しんだパターンを変えたくないということ、周囲から深く影響されたくないということ、そして自分の成長に取り組みにくいことを指しています。自分が本当に動きだしたら、それはリスクを伴うことであり、心地よい世界が守れないように感じます。

〈タイプ９〉にとっての平和とは、トラブルに関わらない、という意味もあります。快適で安全なところにとどまりたい。邪魔されたくない。流れのままに生きてゆきたい……。こうした心地よい世界は、現実の世界から切り離されています。

親子関係

〈タイプ９　平和を好む人〉の深層心理においては、自分が、家族といううつわの一部であるという感じがします。そして母親や父親が欲するものをまず満たしてから、余裕があれば自分が欲しているものを満たします。

〈タイプ９〉の子供は、外の世界からの影響に圧倒されないように、現実から自分を切り離し、葛藤や痛みに注意を向けないこともあります。たとえば両親が隣の部屋で言い争っているのに、ひとりでお絵描きをしている子供のようなものです。問題を遠ざけ、自分の家族には問題がないかのようにふるまいます。

〈タイプ９〉の子供は、自分が家族にとって問題とならないよう、あまり多くを要求せず、できるだけ目立たないようにします。自分が波風立てなければ、うまくいくと思うのです。控えめにして、自分よりも他の人の欲求をまず満たすことを覚えます。

けれども自分を後回しにしているうちに、自分自身の欲求や心の声が分からなくなります。そして自分の怒りや意思を封印してしまったため、それらがあることを自覚できません。

陥りやすい人生のパターン

〈タイプ9〉の人は、「つながりを失うのでは」という恐れにつき動かされる傾向があります。「つながり」とは、自分の基盤となっている家族や友人、周囲の人です。そして、心の平和と安定を維持したいと願います。人生でこれまで身につけてきた、生存するための「戦略」は、「周りの人に問題がなければ、うまくいく」というものです。

けれども恐れが強まり、健全度が下がっていくと、自分の意見や本音をいわなくなり、現実の問題を直視しなくなります。すると周りの人が自分とのつながりを感じることができなくなって、よけいに葛藤を生み出します。そして、結局は恐れていることを実現してしまいます。

〈タイプ9〉の成長

ある〈タイプ9〉の男性は、次のように語っています。

「自分は派遣として働いています。正社員になろう、人生を変えなくちゃといつも思うんですが、何も具体的なことは実行できずに、ずるずると先延ばしにしていました。つき合っている彼女とも結婚に踏みきれずにいたのですが、つい先日、子供ができたんです。その時、不安は大きかったけど、結婚しようと思ったんです。そう決めたら、絶対に彼女と子供を守ろうと、信じられないほどのエネルギーが湧いてきて、何をするべきかが見えてきました」（30代　男性）

〈タイプ9〉の人は成熟するにつれ、常に変化するダイナミックな現実としっかり「関わる」ことができるようになります。自分が今いる場所を引き受け、自分自身の変化を受け入れることによって、人生の一瞬一瞬をフルに生きることができるのです。

第3章

タイプを確認する

タイプをチェックする

第2章では、各タイプの特徴をそれぞれ詳しく紹介しました。「これだ！」と実感できるあなたの性格タイプは見つかりましたか？ また、あなたの身近な人のタイプは分かりましたか？ よく分からなかった方、そして念のために確認したい方のために、本章の知識が役立ちます。各タイプの理解をさらに深めるためにも、じっくりお読みください。

第1章で本能、フィーリング、思考の3つのグループについて説明しましたが、次のチェックポイントは、

1 問題が生じた時の態度
2 行動のスタイル
3 ストレス時の動き
4 成長への動き

です。各グループの特徴が自分にあてはまるかどうか、よく考えながら読みましょう。

1 問題が生じた時の態度

リソ&ハドソンは、問題が生じた時にその人がとっさに示す態度によって、９つのタイプを楽観的・合理的・反応的の３つのグループに分類しています。この態度は、その人がものごとに対する時の、全般的な特徴でもあります。

〈楽観的タイプ　タイプ２・７・９〉

◯全体的な特徴

・ものごとの明るい面に目を向け、ポジティブにとらえる。

・ものごとは、結局はなんとかなる、うまくいくと思っている。

・自分には問題がないと考え、気分よくいたいので、他の人たちにも気分よくいてほしい。

◯長所

・困難な状況でも、前向きな態度を示す。失望したことを前向きに考え直す。

・相手を元気づけたり、チームの雰囲気をよくし、士気を高める。

◯短所

・問題を過小評価し、回避・先延ばしする傾向がある。

・自分について嫌なこと、都合の悪いことを見ないようにする傾向がある。

〈合理的タイプ　タイプ1・3・5〉

○全体的な特徴

・個人的感情を脇に置き、ものごとを客観的・合理的にとらえようとする。

・自己抑制的で、自分の気持ちに触れにくい。

・冷静かつ合理的な話し方をする。

○長所

・冷静にものごとを判断することができ、効果的・効率的な解決方法を考える。

・問題解決へ向け、現実的方法を提示する。

○短所

・問題解決にばかり目を向け、人の気持ちを十分汲み取ることができないことがある。

・理性で抑えたつもりの、感情的要素を伴う問題が実際には解決されておらず、ただ先延ばしにされたり、直接的ないし間接的な方法で再発したりする。

・話し方がビジネスライクであると思われることがある。

〈反応的タイプ　タイプ4・6・8〉

○全体的な特徴

・問題に対しては、そのまま外に表現するかどうかは別としても、すぐ感情的反応が起きる(感情をいったん発散できると、速やかに気持ちが治まる)。
・相手にも自分と同様に本気になって問題意識を感じ、反応してほしい。
・相手からも反応を引き出すことにより、信頼できるかどうか、確認したい。
○長所
・問題を見過ごさない。グループが問題に直面するきっかけとなる。
・それにより、グループ全体が真剣に関わるようになる。
○短所
・相手を信頼できるかどうか、疑う傾向がある。
・問題を拡大することがある。また、感情をぶつけることが、チームの作業に支障をきたし、雰囲気を悪くすることがある。

2　行動のスタイル

リソ&ハドソンは、その人の行動スタイルによって、9つのタイプを自己主張的・融和的・遊離的の3つのグループに分類しています。それぞれのグループについて、簡単に説明します。

あなたに当てはまるのは、どれですか？

〈自己主張タイプ　タイプ3・7・8〉

・積極的・直接的。主張・要求する。欲しいものを「ゲット」する。
・目標追求に直進する。自ら動く。
・自分がその場の中心で、重要な存在であると感じる。

〈融和タイプ　タイプ1・2・6〉

・周囲に気を遣い、自分と相手の欲求に折り合いをつけようと努力する。
・相手とのバランスで、積極的に自分が出ることもあれば引っ込むこともある。
・人の期待に応え、責任を果たさなければという意識が強い。
・「〜すべき」「〜してはいけない」という、心の中の自分を律する声が強い。

〈遊離タイプ　タイプ4・5・9〉

・周囲から一歩引き、自分の世界を持つ。
・距離を置いたところで、状況について判断する。

・グループの中で積極的に発言する方ではないが、自分の世界を持っている。

3　ストレス時の動き

各タイプはストレスを受けた状態において、ふだんとは違う特徴が出てきます。タイプ判別をする際、このストレス時の動きも併せてチェックしてみましょう。
129ページの図の矢印の向きが、ストレス時の動きを指します。たとえば〈タイプ4〉はストレス時に、〈タイプ2〉のマイナス面の特徴が表れます。〈タイプ9〉はストレス時に、〈タイプ6〉のマイナス面の特徴が出るといった具合です。

エニアグラムは単に性格を9つに分類するだけではなく、タイプの変化やタイプどうしのつながりについても説明している、立体的なものであることがわかっていただけることでしょう。

それではタイプ別に説明していきます。

〈タイプ1〉↓〈タイプ4〉　自分だけが責任を負っている思いが強まり、感情的に反応しやすく、疎外感や自己憐憫に陥ります。ふだんの自己節制の反動で、放縦に走ります。

〈タイプ2〉↓〈タイプ8〉　批判的になり、自分の不満を強く訴え、攻撃的になります。文配的で要求が強くなります。

〈タイプ3〉→〈タイプ9〉 燃え尽きて、反応が鈍く、無気力、無関心になります。

〈タイプ4〉→〈タイプ2〉 見捨てられることを恐れ、自分にとって大切だと思われる人たちとの依存関係を強め、その関係が意味あることをアピールします。

〈タイプ5〉→〈タイプ7〉 意識が散漫になり、テンションが高くなり、さまざまな考えや活動に飛びつきます。

〈タイプ6〉→〈タイプ3〉 早く向上し、成功しなければとあせります。自分がいかに優れているかを誇大にいいます。競争心が強くなり、人を見下します。

〈タイプ7〉→〈タイプ1〉 要求水準が高くなり、細かいことにうるさく、生真面目な感じになります。

〈タイプ8〉→〈タイプ5〉 自分のやり方が通用しないと、いったん退却して戦略を練り直し、力を蓄えます。人の考え方や価値観に軽蔑的になります。

〈タイプ9〉→〈タイプ6〉 不安がつのり神経質になります。疑いを持ち、悲観的になります。突然、怒りが爆発し、人を非難します。

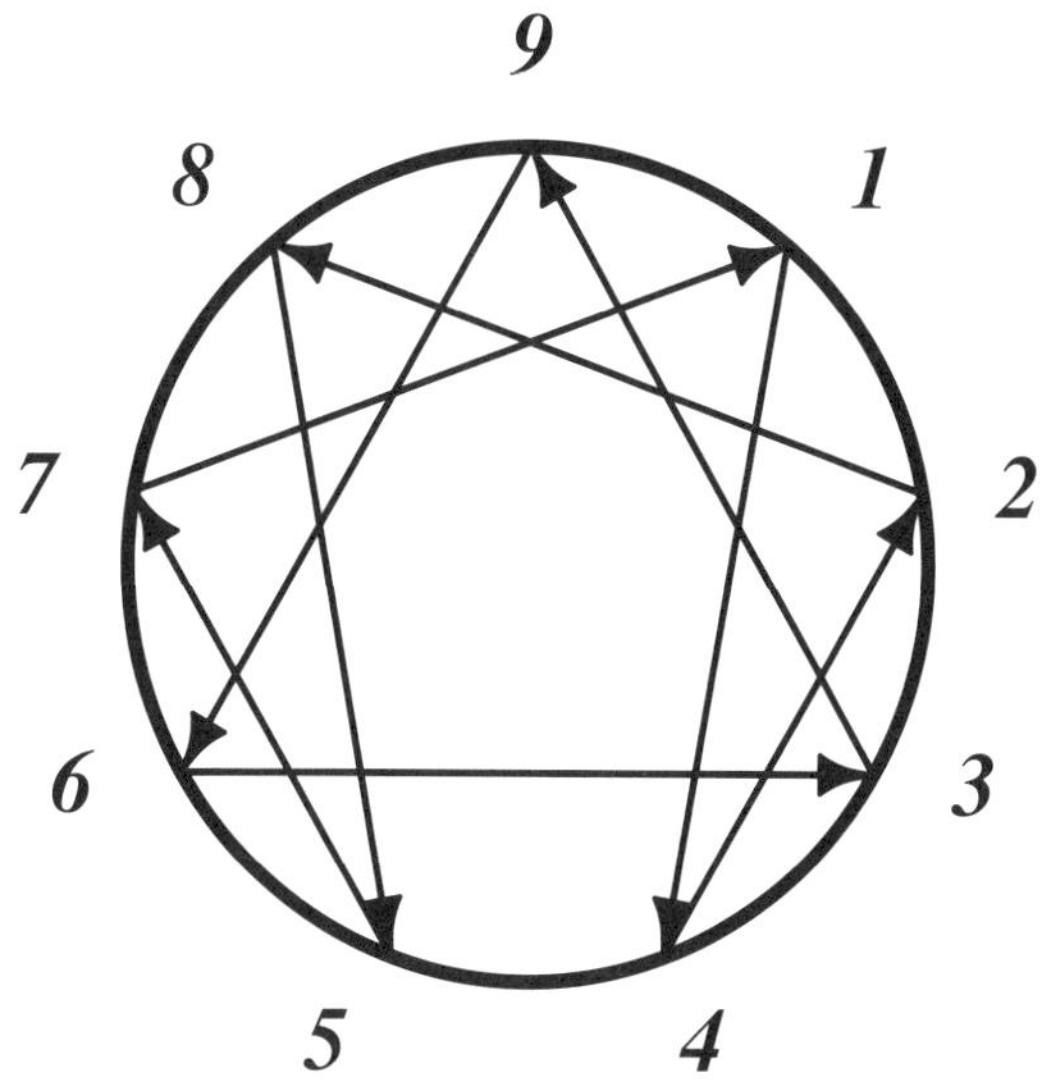

ストレス時の動き

各タイプはストレスを受けた状態において、ふだんとは違う特徴が出てきます。図の中の矢印の方向は、ストレス時の動きを示しています。ストレス時には、自分のタイプから矢印が向かう先のタイプの、マイナス面の特徴が出てくるのです。たとえば〈タイプ4〉はストレス時において、〈タイプ2〉のマイナス面の特徴が出てきます。

4 成長への動き

成長するにつれ、「ストレス時の動き」とは逆の「成長への動き」が見られます。矢印の方向がちょうど逆になります。〈タイプ3〉であれば、成長するにしたがい、〈タイプ6〉のプラス面、〈タイプ8〉であれば、〈タイプ2〉のプラス面の特徴が表れます。ただし、成長の方向にあるタイプそのものになる訳ではありません。自分の性格タイプの行動パターンを無意識に選択しないよう気をつけることにより、自然に「成長の方向」の特徴が出てくるのです。

〈タイプ1〉↓〈タイプ7〉 リラックスし、人生を楽しむことができます。こだわりが少なくなり、さまざまな可能性に対してオープンになります。

〈タイプ2〉↓〈タイプ4〉 自分が何を感じ、必要としているかに気づいて、心身のケアをすることができます。人の評価と関係なく、自分の創造性を楽しむことができます。

〈タイプ3〉↓〈タイプ6〉 人と協力し、個人的利益を超えた何かを達成することにより、深い充足感を味わえます。自分の心の声を大切にし、率直で誠実になります。

〈タイプ4〉↓〈タイプ1〉 自己節制することで、自分の感性や創造性を形にできます。感情的反応に流されず、現実に取り組んでいくことで、精神的に安定します。

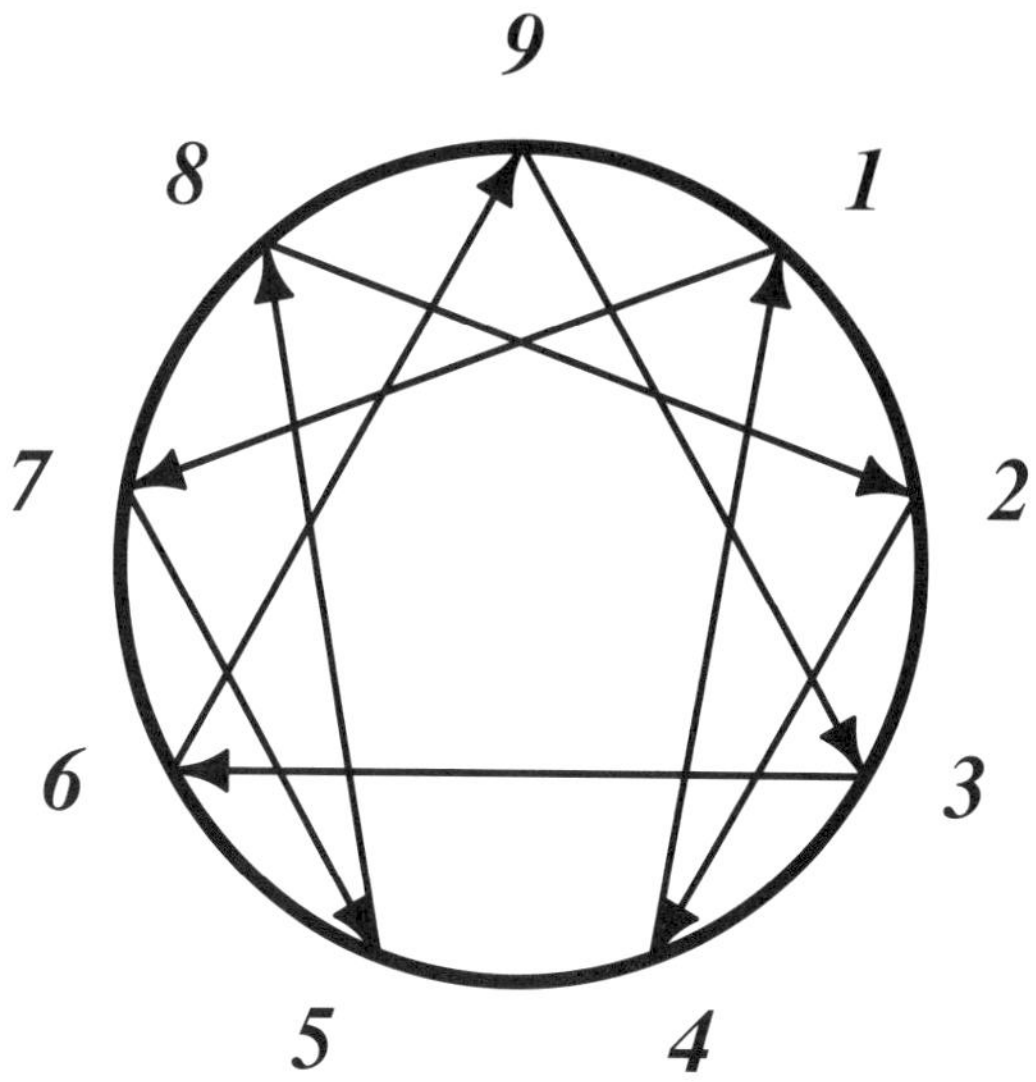

成長への動き

図の中の矢印は、各タイプが成長に向かう際、どのような特徴が出てくるかを示すものです。成長のプロセスにおいては、自分のタイプから矢印が向かう先のタイプのプラス面の特徴が出てきます。たとえば〈タイプ4〉は成長するにしたがい、〈タイプ1〉のプラス面の特徴が出てくるのです。矢印の向きは、ストレスの方向とちょうど逆になります。

〈タイプ5〉↓〈タイプ8〉頭の世界から、より体の感覚に根ざすことで、自信が身につきます。そのヴィジョンにより、人を導きます。

〈タイプ6〉↓〈タイプ9〉「今、ここ」に意識を向け、体に根ざすことにより、バランスがとれ、安定します。

〈タイプ7〉↓〈タイプ5〉頭の中が静かで、真の価値を持つものを選択できます。自分の体験について、より深い発見があります。

〈タイプ8〉↓〈タイプ2〉心を開き、人への気遣いや愛情を表現することができます。自分自身をいたわることもできます。

〈タイプ9〉↓〈タイプ3〉自分はかけがえのない存在であり、大切な人生のために自己実現をしていくことができます。自己評価が高まり、エネルギーが増します。


誤解がないように補足すると、そのタイプの真似をすれば成長できるということでもありません。自分の性格の衝動に支配されないようにすれば、自然に「成長の方向にあるタイプのプラス面」が表れるのです。たとえば〈タイプ8〉は、自分がその場を仕切り、コントロールしようとする傾向があります。けれどもリラックスして、その衝動に支配されないようにすれば、自然に〈タイプ2〉のプラス面である、人への愛情と思いやりが出てくるのです。

タイプ判別のためのヒント

① 探求する

自分や人のタイプを判別していく際には、「探求する」姿勢が重要です。決めつけずに、じっくりとさまざまな状況において確認されることをおすすめします。安易に分かった気になったり、結論づけたりしないようにしましょう。

② 実際の行動を見る

こうありたい自分やイメージの中の「あの人」ということではなく、人生全般にわたって、実際にそうだったかどうかでタイプを判別する必要があります。

③ タイプを発見するのは自分

自分のタイプを探すこと自体が、自己発見の旅です。自分の中を掘り下げ、どこまでが親の影響なのか、仕事の役割なのか、そして自分本来の気質なのかなど、自分の心に問いかけていく、大切なプロセスです。いろいろなタイプに関する理解を深めていくこともできます。そして本人が自分でタイプを発見し、自分の中に答えを見つけることによって、気づきが大きくなります。

④ 客観的な意見を聞く

自分のタイプを自分で発見することが基本ですが、思い込みに陥らないよう、客観的な視点から、周囲の人や専門家の意見を参考にすることも重要です。自分のタイプについて混乱したら、手がかりについて相談してみることもできます。ただ、自分で納得することなく、人の意見を受け入れる必要はありません。

⑤ 実際の人から学ぶ

本書では、詳細なタイプ説明により、タイプが発見できるように書かれていますが、実は本来のタイプ判定のためには、活字による情報だけでなく、その人の声の出し方や体の使い方、雰囲気など、ナマの情報が必要です。同じ言葉でも人によって感じるニュアンスが違いますし、言語で伝えられる情報には限界があります。そのため、もし可能であれば体験型のワークショップにご参加されることをおすすめします。あとがきにその情報が掲載されています。

⑥ タイプを間違えても大丈夫

自分のタイプが分かり、そのことでいろいろと学んだ後になって、タイプを間違えていたと気づくこともありえます。当時の自分の状況が、そのタイプのテーマに近かったのかもしれません。そのタイプのテーマから学ぶ必要があったのです。

⑦　自己納得のために使わない

人のタイプを絶対にそうだと決めつけたり、本人が自分でまだ考えてもいないのに、その人にタイプを教えたりすることはやめましょう。もちろんその人から意見を求められたら、言っても差し支えありません。また、誰かが間違ったタイプを信じているように見えたら、タイミングを見はからって、自分が違う印象を持っているけれど、それについて話してもいいか、許可を得るようにしましょう。

「私はどうせ～タイプだから」「あなたはやっぱり～タイプだから」などというように、自己弁護や他人の批判のためにエニアグラムを使うことのないように心がけましょう。

⑧　タイプを間違えやすい理由

タイプ判別の間違いは、主に次のような理由で起きます。

（1）実際のタイプより、「そうありたい」と思うタイプを選択する。

（2）実際の行動を振り返ることなく、説明文だけで判別してしまう。

（3）タイプ判別テストは活字上の判別方法であり、目安に過ぎないにもかかわらず、絶対視してしまう。

（4）説明全体というより、1つ2つのキーワードにひかれたタイプを選択する。

（5）性格タイプは、エニアグラム図形の円周上の両隣のタイプのどちらかの影響を受ける（どちらかのタイプに傾いている）ため、そのタイプと混同する。たとえば、〈タイプ8〉寄りの〈タイプ9〉の場合、よりパワフルに見えるため、〈タイプ8〉と誤認される時がある。

（6）ストレス時と精神的余裕がある場合に、別のタイプの特徴を帯びるため、混同が起きる。

（7）態度のグループ、行動のグループ内で、共通点があるためにタイプを混同する。

（8）自分の傾向性とはいえないようなちょっとしたケース（あまり頻繁に起きないケース）までも、タイプの説明に当てはめて考える。

⑨自分のタイプが分かる時は？

自分のタイプが分かる時は、単なる頭の理解ではなく、腑に落ちる感じがあります。そのタイプの特徴がリアルに響きます。

第4章

エニアグラムを日常に活かす

それぞれのタイプへのアドバイス

この章では自分のタイプが分かった人のために、悩みを克服し、可能性を開花させ、よりよい人生を送るための知恵をお伝えします。タイプが違えば、有効なアドバイスも違ってきます。具体的に説明しましょう。

また、会社の上司や部下、家族など身近な人のタイプにあたりがつけば、「各タイプとの効果的なつき合い方」のページが役に立ちます。人間関係を円滑にし、お互いの可能性を高めるためのアドバイスが書かれています。「各タイプの仕事のスタイル」の項は、タイプによって異なる仕事のしかた、仕事に対する姿勢について説明しています。併せて参考にしてください。

〈タイプ1　完璧を求める人〉へのアドバイス

［全般的アドバイス］

・自分の意見に自信があっても、決めつけたり、他人の意見をすぐに却下したりせず、ひと呼吸おきましょう。他の人のいうことが正しいかもしれないと思える、柔軟性を持ちましょう。

・仕事の細部にこだわりすぎると、時間が足りなくなります。ひとつひとつの作業を納得いくまでやる、というのではなく、期限を決めて集中しましょう。

・あなたは自分に厳しい人です。自分がした良いことや達成できたことを振り返りましょう。そして完璧ではなくても、ベストを尽くしたのだと受け入れましょう。

・弱音を吐いたり、自分をさらけだせる友人を持ちましょう。

・リラックスすることが苦手なあなた。短い時間でも、休む時間を持ちましょう。仕事の能率も上がります。呼吸法、ストレッチング、ヨーガ、アロマセラピー、マッサージ、自然の中の散歩、水泳、入浴などは、緊張状態をゆるめ、ストレスを解放するために役立ちます。音楽を演奏する、踊るなど自分の情熱を表現するのもいいことです。

［健全度が下がる時の注意信号］

・すべて自分が背負っているような気持ちがしてきたら、健全度が下がっていく注意信号。もっと他の人に仕事をまかせる工夫をしてみましょう。責任を分担することで、より多くのことを達成でき、仕事の充実感も増します。

［人間関係］

・問題点をずばっと指摘することで、不快な思いをさせてしまうことがあるため、注意する必要があります。「正しさ」の感覚は誰とでも共有できる訳ではないのです。

・怒りを怒りとして相手にぶつけても、通じません。何を心配しているか、あるいは何を期待しているかを伝えましょう。

・あなたは人に弱みを見せたり、自分の過ちを認めることがなかなかできません。大切な関係のために、素直に謝り、相手への愛情や感謝を伝えましょう。

［可能性を伸ばすために］

・さまざまな可能性に対してオープンになりましょう。すべきことばかりを考えるのではなく、もっと人生を楽しみましょう。自分にとって何が大切かを見つめ直し、今やっていることを整理して、時間の余裕をつくる必要があります。周りの人にも手伝ってもらいましょう。

〈タイプ2　助ける人〉へのアドバイス

［全般的アドバイス］

・あなたの思いやりは素晴らしいものですが、自分と相手の境界線をはっきりさせることが大切です。どこまでなら引き受けても大丈夫か、どこからは断らなければいけないかを知るためには、自分の内なる声に耳を傾ける必要があります。自分自身に耳を傾けることができる人こそ、相手の心の声をよく聴くことができる人です。

・人からほめられたら、「とんでもない」と謙遜するのではなく、素直に「ありがとう」と言ってみましょう。

・時には人に助けを求め、信頼できる友人に悩みを打ち明けましょう。

［健全度が下がる時の注意信号］

・相手の関心を得ようと自分から近づいていく時は、健全度が下がっていく注意信号です。人のことにばかり注意が行き、自分のことがおろそかにならないように。相手に近づこうとする時に、自分の中にどのような欲求があるのか、見つめてみましょう。

［人間関係］

・相手のためによかれと思っていることが本当に必要とされていることか、相手を依存させる結果になっていないか、確認しましょう。

・思い込みによって感情的になり、他の人からのせっかくの好意のメッセージを見逃すことがないようにしましょう。

［可能性を伸ばすために］

・創造的で楽しく、癒される時間を過ごし、自分自身の人生を生きましょう。人生のために目標を決め、実行しましょう。そのために必要な助けを求めることをおすすめします。

〈タイプ３　達成する人〉へのアドバイス

［全般的アドバイス］

・自分がやりたいことについてのイメージが強すぎて、熟慮しないまま行動に移し、問題を起こすことがあります。周りの意見（とくに自分と違う意見）をよく聞くようにしましょう。
・人から好印象を得たいがために判断がぶれることのないよう、気をつけましょう。
・ふだん感情を抑える傾向がありますが、時に立ち止まって自分が何を感じているか、チェックしてみることが必要です。
・休みを取ることが苦手です。リラックスし、気心の知れた人たちと遊ぶ時間をつくることで、幸福感や充実感を味わうことができます。

［健全度が下がる時の注意信号］
・人の関心を得ようと自分を駆り立て始めたら、健全度が下がっていく注意信号です。周囲の人によく思われようとして発言したり、行動していないか、今、本当に自分が感じたり、望んでいることは何か、立ち止まって自分を振り返ってみましょう。

［人間関係］
・目標を実現するために柔軟に手段を変更するのはいいことですが、他の人には筋が通っていないと見えることがあります不信を抱かれないよう、十分な説明が必要です。
・自分の意見やアドバイスを一方的に話し、人の話を十分に聞かないことがあります。相手は必ずしも解決を求めている訳ではなく、気持ちを聞いてほしいだけかもしれません。
・周囲からの指摘や批判を、すぐに自分に対する拒絶や攻撃ととらえるのではなく、自分のことを思っていっているかもしれないと考えてみましょう。

［可能性を伸ばすために］

・自分が本当にやりたいことは何か、心の声を大切にすることで、真の方向性が見えてきます。人と協力し、個人的利益を超えた何かを達成することの深い喜びや充足感を味わうこともできます。

〈タイプ４　個性を求める人〉へのアドバイス

［全般的アドバイス］

・セルフイメージにこだわりすぎず、自分の可能性についてオープンに探求しましょう。意外な自分を発見するかもしれません。ユーモア感覚もあります。

・理想的な環境でなくても、自分らしさを活かせる方法を見つけましょう。

・自分の世界に没頭しすぎることのないよう、できるだけ外の空気に触れ、体を動かすことをおすすめします。節制し、健康な生活を送るように努めましょう。バランスのとれた生活をする中で、幸福感を味わうことができます。

［健全度が下がる時の注意信号］

・自分の気持ちに執着し、ドラマをつくり出そうとしている時は、健全度が下がっていく注意信号。自分が感じたこと（人が自分のことをどう考えているか、自分にどう接したかなど）が現実と合っているか、思い込みでないか、確認する必要があります。

［人間関係］

・自分のことを大切にしてくれている人がいます。そのアドバイスに耳を傾けましょう。率直な意見をいってくれる友人を大切にしましょう。

・友人や親しい人を自分の感情のはけ口にしないようにしましょう。

［可能性を伸ばすために］

・生活の中にリズムをもたらすことで、自分の気持ちに溺れるのではなく、地に足をつけることができます。感情的反応に流されず、現実に取り組んでいくことができます。自分の感性や創造性を何らかの形にすることができます。

〈タイプ5　観察する人〉へのアドバイス

［全般的アドバイス］

・ひとりで結論を出す傾向があります。考えていることは、途中のプロセスでも人と分かち合いましょう。考えがもっと豊かなものとなり、いい結果につながります。

・何事も自力でしようとしがちですが、人からの助けを求めましょう。

・問題を抱えている時に、自分の気持ちについて語れる相手を見つけましょう。
・頭を使っていることが多いので、バランスのために体を使いましょう。散歩もおすすめです。体の使い方について、知的好奇心を満たすような理論の裏づけがある運動もいいかもしれません（たとえば野口体操など）。
・神経を休める（テレビやパソコン、ゲームなどから離れる、コーヒーやアルコールなどの刺激物を控えるなど）ことをおすすめします。

［健全度が下がる時の注意信号］

・現実から逃れ、頭の中の世界に入り込んでいく時は、健全度が下がっていく注意信号。人との関わりがなくなるとバランス感覚が崩れますので、気をつけましょう。

［人間関係］

・ふだん、自分の考えを伝える時、説明不足の、一方的な伝え方になっていませんか？　不信感や反発を招くことがあります。
・自分が考えていることを周囲の人に伝えると、もっと豊かな関係が築けます。考えがまだ十分練られていないと感じるなら、そのことも併せて伝えればいいのです。
・周囲が自分を支えてくれていることに気づき、感謝の気持ちを直接伝えましょう。

［可能性を伸ばすために］

・鋭い知性によって相手を裁くのではなく、寛容であることが大切です。人と接し、気持ちの上での関わりを持つことによって、バランスのとれた考え方となります。頭で考えすぎるのではなく、直観をもっと信頼しましょう。

〈タイプ6　信頼を求める人〉へのアドバイス

［全般的アドバイス］

・あれこれ悩む前に、「現実確認」が必要です。今まで心配したことのうち、どれだけ実際に起きたでしょう。思い込みにとらわれず、オープンマインド（先入観を持たないこと）で対応していくと、「現実は自分の考えよりも優しい」（バイロン・ケイティの言葉）ということがわかります。

・いいたいことを我慢していると、かなりのストレスになります。気持ちを聞いてくれる人がいて、感情を発散できると落ち着き、目の前のことに取り組みやすくなります。

・起きてくることにすぐ反応するのではなく、深呼吸し、間を置いてみると、いい考えが湧いてきます。散歩に行く、料理をするなど体を動かすのもいいことです。

・ぐちや言い訳が多くなっている時は、被害者意識に陥っているサイン。マイナス思考に気をつけましょう。そういう時は、「どうしたらできるか」「自分に何ができるか」と考える癖をつけましょう。自分の人生に責任をとり、主体的に動くようにすると、前向きな流れをつくっていくことができます。

・仕事を任された時に、周囲に確認しないで抱え込みすぎ、自分を追い込んでストレスをためることのないように気をつけましょう。

・自信がなくなった時は、自らの力で達成してきたことがあることを思い出しましょう。

・頭の中の雑念から解放されるための静かな時間を持ちましょう。たき火を見つめること、ヨーガ、畑仕事や釣り、座禅を組むなど、さまざまな選択肢があります。先のことを考えて不安になるよりも、目の前のことに集中できます。

［健全度が下がる時の注意信号］

・誰かに導いてほしいと依存し始める時、健全度が下がっていく注意信号です。自分を信じることができなくなり、頼りにできる人や組織、考え方への傾斜が強まります。

［人間関係］

・相手がどこまで受け入れてくれるか、試すような言動をすると、かえって印象が悪くなります。

・不安を口にし、問題を指摘することが多すぎると、人間関係や場の雰囲気を悪くします。いい方に気をつけましょう。

[可能性を伸ばすために]

・少しでも早く成長し、自立しなければとあせると、かえって空回りします。目の前のことを大切に、一歩一歩、取り組んで基盤をつくるようにしましょう。

・自分に合う、心が落ち着くような実践を継続的に行うといいでしょう。たとえばヨーガ、散歩、日記を書く、写経、座禅など。

〈タイプ7　熱中する人〉へのアドバイス

[全般的アドバイス]

・常に先のことを考え、性急に進もうとする傾向があります。今、目の前で起こっていることに注意を向けるように心がけましょう。

・エキサイティングだったり、ドラマティックだったりしなくても、日常のさりげないできごとをじっくり味わう時間を持ちましょう。その方が心満たされるかもしれません。

・自分の中にある不安や傷にフタをするのではなく、まずそれがあることを認めましょう。素直な気持ちをもっと、信頼できる人と分かち合いましょう。

・頭の中の雑念を静める時間を持ちましょう。深呼吸や座禅、ヨーガなども効果的です。神経を休め（テレビやパソコン、ゲームなどから離れる、コーヒーやアルコールなどの刺激物を控えるなど）、体を動かすことをおすすめします。ゆっくりと過ごす心身のケアが重要です。散歩やマッサージなどもいいかもしれません。

［健全度が下がる時の注意信号］

・もっと良いものが他で手に入るのではと感じ始める時、健全度が下がっていく注意信号です。本当に自分にとって必要なものか、心のすき間を埋めるためのものか、ひと呼吸して考えましょう。すでにあるものに感謝しましょう。

［人間関係］

・話の中心になる傾向がありますが、人の話もよく聞くことで、人間関係が深まります。

・自分自身がはっきりと意思表示ができるため、相手もできると思い込んでしまう傾向があります。頼みごとがある場合、相手の表情を見て、丁寧に確認しましょう。

［可能性を伸ばすために］

・自分が本当にしたいことを絞り込みましょう。そして計画したことを実行し、最後までやり抜くことで、達成感を味わいます。自己評価も上がります。それから精神的に落ち着くようなことを継続的に行うといいでしょう。ヨーガ、散歩、日記を書く、写経、座禅など。

〈タイプ８　挑戦する人〉へのアドバイス

［全般的アドバイス］

・自分の本能的直観を信じやすく、思い込みが強いことを自覚しておく必要があります。ひと呼吸おいて現実を確認し、他の見方を検討する余裕を持ちましょう。

・主導権を握る立場になりやすいですが、たまには人に任せましょう。

・時にペースを落とし、シンプルなことをする時間を持ちましょう。それは自然の中を歩くことだったり、畑仕事をすることだったり、座禅を組むことかもしれません。ひとりで過ごす時間をとり、心身のケアをすることも大切です。

・自分の悩みや弱さについて、素直に話せる相手を見つけましょう。

［健全度が下がる時の注意信号］

・自分が前に押し進み、闘わなければいけないと感じたら、健全度が下がっていく注意信号です。肩の力を抜いてリラックスし、ゆったりと構えるようにしましょう。

［人間関係］

・親しい人に感謝の気持ちや愛情を素直に表現できると確かなつながりを感じ、満たされます。

・自分がこれまでやってきたやり方がうまくいったからといって、他の人にも当てはまるとは限りません。一方的なアドバイスをしないように気をつけましょう。

・自分ばかりが中心になって話すことのないように気をつけましょう。相手の話をよく聞いてあげると、いい関係をつくることができます。

［可能性を伸ばすために］

・周囲の人たちと、自立した者どうしとして支え合う関係をつくることができれば、充足感を味わうことができます。自分のやり方にこだわらず、いろいろな人の意見に対してオープンであることにより、可能性を広げることができます。

〈タイプ９　平和を好む人〉へのアドバイス

［全般的アドバイス］

・複数の仕事を同時にこなす時は、期限や優先順位を決める必要があります。

・人生で本当に何をしたいか、そしてそのためにどう目標を立て、実行していけばいいか、身近な人やコーチなどから具体的な助けを得ましょう。

・自分の適性を知るには、できることや好きなことを小さなことでもリストアップしてみましょう。周りの人に、あなたの良い資質を聞いてみることもおすすめします。キャリアカウンセリングを受けることも役立ちます。

・何らかのスキルやキャリアを身につけることで、達成感を味わい、自信をつけましょう。

・新しいことでも、第一歩を踏み出せば、すぐコツをつかむことができます。

・心身のケアとして、自然の中で過ごすこと、体を動かすことをおすすめします。音楽の演奏や絵を描くなどのクリエイティヴな活動も。

［健全度が下がる時の注意信号］

・表面的に人に合わせ、やりたくないことでも断れない状態になったら、健全度が下がっていく注意信号です。小さなことでも、自分の意思を伝える経験を積み重ねる必要があります。「アサーティブ・トレーニング」（健全な自己主張）などを学ぶといいかもしれません。

［人間関係］

・自分が望んでいることや感じていることを、表現するようにしましょう。日常の中の小さな感動や人への感謝をもっと口に出すと、自分の心も人との関係も豊かになります。

・気の進まないことを引き受けた時、なかなか手をつけず、暗黙の抵抗をしている自分に気づきましょう。また、人から聞かれたことにすぐ答えずに、押し黙ってしまう時もあるかもしれません。そういうあなたに周囲の人が圧迫感を感じていることに気づきましょう。

［可能性を伸ばすために］

・人のためばかりでなく、自分を大切にし、向上するための時間とエネルギーを使いましょう。そして自分のエネルギーを抑えるのではなく、時には情熱を思い切り出しましょう。

9つのタイプとの効果的なつき合い方

エニアグラムが教えてくれる各タイプとのつき合い方は、実際に役立つと好評をいただいている内容です。部下の能力を引き出すために、上司といい関係を築くために、チームの可能性を高めるために、親子や友人との関係を見直すために、個々の人や状況を見ながら使ってください。

人間関係の知恵は、タイプどうしの相性も含め、まだまだたくさんの重要なポイントがあります。ここでは紙数に限りがあるため、基本的なことを紹介し、詳しくはまたの機会に譲りたいと思います。

〈タイプ1〉とのつき合い方

・多くの仕事をひとりで抱えがちな傾向があります。最近の状況やその日の予定を聞き出すことで、どういうタイミングで話をするのが適切か、またどう対応すればいいかが分かります。

・〈タイプ1〉の人は、自分が抱えている課題や問題について考え抜き、自分なりにベストのことをやっています。改善してもらいたいことがあったり、手伝いたい場合、まず本人が自分なりにどう考えているかを聞くようにしましょう。その上で他にもっと効果的な選択肢があると思われれば、一方的なアドバイスにならないように提案するといいでしょう。
・やり方を変えてほしい時、「こうした方が効果的」という言い方は〈タイプ1〉に通じやすいです。
・頑張ってくれていることに感謝することが大切です。そして言葉の励ましだけでなく、本人が望む形で現実的に作業を手伝うことができれば、もっといいでしょう。
・質を重んじる〈タイプ1〉に仕事を頼む時は、できるだけ前もって頼むことが重要です。
・〈タイプ1〉の人は、相手の話の内容よりもエネルギーに反応します。たとえば相手がびくびくした雰囲気であれば、内容にかかわらず、頼りにならないというメッセージを受け取ってしまいます。また、話すスピードが速すぎると、内容に重みを感じません。できるだけ落ち着いた雰囲気で話をするようにしましょう。

〈タイプ2〉とのつき合い方

・自分が感じた気持ちを素直に伝えると、〈タイプ2〉の人に通じやすいです。
・いい関係を保つには、相手のことを気にかけていることを時々、伝えることが必要です。
・〈タイプ2〉の人からの親切や贈り物は、あなたのために特別に考えられたものであるという認識を持って受け取りましょう。たとえ自分の望むことでなくても、その気持ちに対して感謝しましょう。その上で、「〜だったらさらにうれしい」ということを丁寧に伝えましょう。〈タイプ2〉の人にとっては、あなたに喜んでもらうことが大切ですので、リクエストを伝えても大丈夫です。

・相手がやりすぎだと思ったら、感謝を伝えつつも、「ここまででいい」というリミットをはっきりさせましょう（本人は制限を設けることが苦手なため）。

・〈タイプ2〉の人は助ける側になりがちですが、それに甘えず、こちらからも助けてあげましょう。何かをやってあげようとすると〈タイプ2〉の人は困惑しがちですが、さりげない手伝いをありがたく感じます。

・表情が暗い時は、プライドを尊重し、表立って同情を示すよりも、さりげなく話を聞いてあげましょう。

・あなたや他の人に不満を持っている時には、理屈で説得しようとせずに、まず聞き手に徹し、気持ちを分かってあげる必要があります。もしあなたに対して不満があれば、気持ちを十分聞き、とりあえずそのような状況になったことを詫びた上で、あなたの言い分について丁寧に説明するとよいでしょう。〈タイプ2〉の人は、相当感情的になっても、自分の気持ちが分かってもらえたと思えば元の関係に戻るので、過剰反応しないようにしましょう。

〈タイプ3〉とのつき合い方

・よく方針変更することがありますが、それは性格からくるもので、目標実現のために柔軟に対応しようとしていることを理解してあげる必要があります。ただ、不安に感じることがあれば、確認しましょう。十分検討しないまま進めていることがあると感じる時は、注意を喚起しましょう。

・達成したことに対してきちんと評価し、ほめてあげるとモチベーションが上がります。

・改善してほしいことがある場合でも、前向きないい方（「〜するとさらに効果的」「〜すると成功する」など）をして、やる気をそがないようにしましょう。

・ずっと一方的に話をしていると感じることがあれば、あなたからも自分の意見をいうようにしましょう。

・〈タイプ3〉の人を説得する際は、どのような結果が得られるかを明確に示す必要があります。また、効率的に要領よく話をした方がいいでしょう。

・〈タイプ3〉はオーバーワークになりがちです。あなたからリラックスできるような遊びに誘い、一緒に時間を過ごすことが、個人的に話ができたり、信頼関係を築くきっかけとなることがあります。

〈タイプ4〉とのつき合い方

・〈タイプ4〉を相手にする時はできるだけ自然体で、ゆったりとした安定感を持って関わるようにしましょう。
・理屈で納得させようとするよりも、気持ちを通わせることが重要です。
・必要があれば、遠慮せず、率直な話をしても大丈夫です。よくないところがあれば、感性のすべてを否定しているわけではないことが相手に伝わるように話しましょう。
・ひとつのことを完了する必要がある時は、一貫して励まし、支えるとよいでしょう。ただし、現実的な期限を設定しましょう。
・創造的な表現（詩の朗読、楽器の演奏など）を応援するといいでしょう。
・〈タイプ4〉の人が感情的になっても、過剰に反応しないようにしましょう。そのまま受けとめてあげれば、いずれ過ぎ去っていきます。

〈タイプ5〉とのつき合い方

・自分の考えに自信があり、頑固になる場合があるので、意見を認めながらも、他の考え方もあることを示唆するといいでしょう。
・意見を求める場合は、十分考え、分析する時間を確保してあげましょう。

・〈タイプ5〉の人は、仕事で細かい手順まで決めて指示されると、モチベーションが上がらなくなります。可能な限り、任せるのがいいでしょう。ただし、そのまま放っておくと、望ましくない方向に行くことがありますので、途中でどうなっているか、チェックしましょう。

・こちらからつっこんで、ユニークなアイディアを引き出してあげるといいでしょう。

・干渉されるのを嫌がるため、不意に訪ねたりしないなど、テリトリーやプライバシーを尊重しましょう。

・親密な身体接触を好まない人が多いため、気をつけましょう。また、気持ちを無理に聞き出そうとしないことが重要です。

・唐突にいわれたことに、あまり感情的にならずに、真意をよく確認するようにしましょう。

〈タイプ6〉とのつき合い方

・ものごとに疑念を投げかけたり、不安や不満を表現している間は、必要なプロセスとして受けとめ、話をよく聞いてあげましょう。感情が発散できれば、気持ちが治まります。お互いに感情的反応の応酬とならないように、落ち着いて話しましょう。議論に入ると、堂々巡りになりやすいです。また、〈タイプ6〉の人は、何が本当にいいたいのかを自分でも分かっていないことがあり、話している内容が本当の問題とは限りません。そのため、内容のひとつひとつを解決しようとしたり、アドバイスしようとしないで、話をよく聞くことで、本人が気持ちを整理することを助けましょう。内容だけでなく、「気持ち」を聞くようにします。気持ちを整理するためには、何を恐れているのかを聞いてあげると助けになることがあります。

・周囲のさまざまな期待に応えようとして優柔不断になり、自分の気持ちがわからなくなります。「何がしたいのか」ではなく、消去法で「何がしたくないか」を聞くと助けになります。

・不安になっていて、大丈夫だよといってほしい時があります。可能であれば大丈夫である根拠を示してあげたり、心配していることについて、現実を確認してもらうといいでしょう。これまでも自分でやってこれたこと、そして何かあったらついているからということをいってあげるのもいいでしょう。

・不安や不確かな要素が少ないと安心するため、仕事では意図や役割、優先順位など具体的で一貫した指示があった方が、取り組みやすいです。何となく「期待しているよ！」といわれても、この人はどこまで自分に期待しているのだろうか、どこまで自分のことを分かっているのだろうか、といったように考えてしまい、かえってプレッシャーを感じることがあります。

・不安になる時は、多くの励ましとサポートが必要です。スキンシップや、一緒にただ時間を過ごすことが、言葉以上に確かな気持ちのつながりを感じ、関係を深めることになります。

・信頼関係を築くのに時間がかかることがあります。ゆったりと構えて、一貫した関わり方ができるといいでしょう。お互いの関係について、一喜一憂しないようにしましょう。

・〈タイプ6〉の人は、仕事でもプライベートでも、放っておかれるのではなく、時に接触してもらって、気持ちのつながりを確認できるとうれしく思います。

〈タイプ7〉とのつき合い方

・計画したことを実行することで、達成感を味わうことができるのだと励ますことが重要です。

・思いついたことをそのまま口にする傾向がありますす。十分吟味されておらず、実現不可能に思えるプランでも、〈タイプ7〉の人のやる気をそぐことのないように、即座に否定しない方がいいでしょう。

・〈タイプ7〉の人には、選択肢や自由が重要であることを理解しましょう。「これしかない」といわれると、ストレスを感じます。

・企画力は素晴らしいですが、細部を詰めて実行に移すためのサポート・スタッフが必要になるかもしれません。

・無理な頼みごとをしてきた時は、できないことをはっきり伝えましょう。本人ははっきりした意思表示をするため、相手もそうできると思いがちです。

・〈タイプ7〉の人がしたことに不満があっても、通常、悪意があるわけではないので、落ち着いて指摘すれば、理解してもらえます。

・〈タイプ7〉の人は、表面的には分かりにくくても、繊細であり、辛いことや苦しいことを表現するのが苦手だということを理解し、察してあげる必要があります。気になることがあれば、二人きりの時に話を聞いてみるのもよいでしょう。

〈タイプ8〉とのつき合い方

・〈タイプ8〉の人は、たとえ自分にとって不利な事実でも、隠されるより知ることを好みます。そのため、率直に伝えた方がよいでしょう。

・〈タイプ8〉の人と交渉する時には、前もって自分の考えをはっきりさせ、できるだけ確信を持ってものをいえるようにしましょう。相手の話の内容よりもエネルギーに反応するため、たとえばびくびくした雰囲気であれば、内容にかかわらず、頼りにならないというメッセージを受け取ってしまいます。

・〈タイプ8〉の人がもし、恩着せがましいまでに面倒を見てくれていたら、依存関係になりやすいので気をつけましょう。自分自身をしっかり持って、お互いに自立した関係であることが望ましいです。

・「周りのメンバーはあなたを頼りにしているので、助けてあげて」というように〈タイプ

8〉の人をうまく立てると喜んで協力してくれることが多いです。
・外面はタフでも、内側では優しさ、繊細さを持っていることを忘れないようにしましょう。
・〈タイプ8〉の人にお願いしたら来てくれたというような時は、その場にいるということだけで、かなりの好意の表現であることを理解し、感謝しましょう。

〈タイプ9〉とのつき合い方

・自分が頼んだことに〈タイプ9〉の人が同意しても、本音はどうなのかを表情や雰囲気により、見きわめる必要があります。
・仕事を頼む時は、できるだけ前もって頼むこと。急かすと、強いストレスを受けます。
・目標を設定し、戦略を考え、期限を設定し、優先順位をつけることは得意ではないので、手伝ってあげるといいでしょう。
・なじみのないやり方に抵抗があるため、新しいことは一緒に取り組んであげるといいでしょう。かなり適応力があるので、第一歩を踏み出せば、自分でコツをつかんでいきます。
・〈タイプ9〉の人の良い面を積極的に評価し、ほめてあげると、自己評価が上がり、伸びていけます。

各タイプの仕事のスタイルと適性

あなたや同僚や部下のタイプが分かったら、以下の項を参考にしてみてください。それぞれの適性を把握したうえで、働きやすい環境を整え、モチベーションを高めてもらうことが、いい結果につながります。

〈タイプ1〉の仕事のスタイル

・責任感が強く、勤勉なハードワーカー。周囲に気を遣います。
・質が高く、正確さが要求される仕事に向いています。プロセスを重視し、結果さえよければいいとは思いません。常に改善意欲がある反面、細部にこだわりすぎ、完璧主義に陥って時間がかかりすぎたり、中長期的展望や広い視野を持つのが難しい時があります。
・職人気質で、人の評価よりも、自分に課した高い基準に達することを目指します。一方で、気をつけないと、自分ひとりで責任を抱え込んでしまい、人に任せることがなかなかできません。
・集中力があり、目的に向かって努力します。問題や状況を冷静に判断し、解決に当たります。
・まったくゼロからものごとを生み出すよりも、すでにあるものを改善する方が得意です。

【働きやすい職場】理想や理念があり、質の高さが重視される。一貫性がある。
【働きにくい職場】ルールがすぐ変わり、質が重視されない。時間や競争に追われる。

〈タイプ2〉の仕事のスタイル

・人を励まし、場の雰囲気を明るくします。人と人とのつながりを大切にし、チームの絆を強めます。職場がいい雰囲気であることがモチベーション維持のために重要です。
・自分の仕事（主婦やボランティア活動の場合でも）においては、手を抜くことを嫌います。
・周囲の人の表情をよく見ていて、よく面倒を見ます。時間や労力を惜しまず、支え、尽くします。一方で、自分の仕事範囲を超えて人の分もやりすぎることがあるので、注意する必要があります。
・感情的な思い込みに気をつける必要があります。
・広範な人脈を持っています。
・新しいものに好奇心があり、学習意欲が豊富です。
【働きやすい職場】接客・営業など、人と接することが多い仕事。
【働きにくい職場】人と接することがあまりなく、働いている人への思いやりを欠いた職場。

〈タイプ3〉の仕事のスタイル

・ヴィジョンが明確で、戦略的な人です。一方で、第三者がプロセスを丁寧にフォローしていく必要があります。
・目標を達成するためには手段を柔軟に変更します。
・ヴィジョンや目標に向かって、自分や人のモチベーションを高めます。
・通常、ヴィジョンを描いてものごとを立ち上げる方が得意で、コツコツと実務をこなし、維持していくのは苦手です。何もないところから自力で切り開いていくことは挑戦しがいがあります。
・効率的で合理的です。ただし、イメージや感覚でものとごをとらえる傾向が強いです。
・プレゼンテーション能力に長けている人が多いです。
・粘り強く、ハードに働きます。
・ほめられることでモチベーションが上がります。

【働きやすい職場】能力が重視される。自分の仕事が注目される。
【働きにくい職場】向上心が必要とされず、自分の能力が十分活かせない仕事。

〈タイプ4〉の仕事のスタイル

・繊細で、感受性豊かで、美的感覚を大事にします。創造的表現が得意です（ただし芸術家だけでなく、経営者や弁護士、公務員などの人もいます）。
・普通の人が気づかない細部にこだわり、平凡なものを素敵なものにすることができます。
・どんな仕事であっても、自分の感性を活かす方法を見つけます。
・気分にムラがあり、自分の感情を処理してからでないと、仕事にとりかかりにくい場合があります。
・人の気持ちに敏感で、相手の個性を尊重し、丁寧に対応します。
【働きやすい職場】感性や個性を活かすことができる。個々人が尊重される職場。
【働きにくい職場】ルーティン・ワーク（単調な仕事）が多い。スピードを要求される。

〈タイプ5〉の仕事のスタイル

・ものごとを深く考え、斬新な発想をし、構想力があります。
・冷静で客観的に全体を観察し、判断します。
・集中的に専門的知識や技術を習得できます。
・ジェネラリストというよりも、自分の得意な領域があります。
・細かい手順を決められるよりも、基本的には任せられた方が仕事がしやすいです。ただし、途中で第三者が内容を確認することも必要です。
・自分のことをよく分かってくれる人とは仕事がしやすい一方、そうでない人とのコミュニケーションが難しいことがあります。
【働きやすい職場】自分の時間や空間が尊重される、専門性の高い仕事。
【働きにくい職場】人との接触が多く、気配りが必要。ペースが速い。幅の広い仕事。

〈タイプ6〉の仕事のスタイル

・てきぱきと要領よく動き、段取りよく仕事をこなせます。
・用意周到に計画し、実務を維持・管理するのが得意な人も多い（一方、感性が豊かで、芸術家になる人もいます）。
・真面目で責任感が強く、ハードワーカーになる場合もあります。
・問題となり得ることに、いち早く気づきます。
・自分の気持ちを汲んでほしいと望みます。感情的になった時でも、いったん発散することで気持ちが落ち着きます。
・自主性に任せるのはいいのですが、あまり放っておくと、自分勝手な方向にいったり、不安になります。目的や自分の役割、権限などがはっきりしている方が、力を出しやすいです。

・組織や仲間のために献身的に働き、部下の面倒見もいいです。
・ひとりよりも、チームで仕事をする方が、モチベーションが上がる場合が多い。
【働きやすい職場】今後の方向性、自分の役割や責任、権限が明確。
【働きにくい職場】方向性が曖昧。方針やルールがすぐ変更される。

〈タイプ7〉の仕事のスタイル

・集中する時は生産的になり、短期間に多くのことを同時にこなします。
・ものごとを立ち上げることは得意ですが、きめ細かく維持・管理するのは苦手です。熱しやすく、冷めやすいということにならないで、仕事を最後までやり遂げることが課題です。
・詰めが甘かったり、楽観的に考えすぎることに注意する必要があります。
・企画力に優れていて、行動力があります。
・職場の雰囲気を明るくし、目標に向かって気分を盛り上げます。職場がいい雰囲気であることがモチベーション維持のために重要です。
・フレンドリーで、自分が興味を持っていることについて熱心にその良さを説くため、営業や接客に向いています。
【働きやすい職場】新しいことに挑戦できる。柔軟で自由で明るい雰囲気。

【働きにくい職場】ルーティン・ワーク。ルールが多い。緻密さを要求される。

〈タイプ8〉の仕事のスタイル

・決断力やパワー、統率力があります。悪く出ると、コントロールが強まり、恐れられます。
・大きなリスクや挑戦を引き受けます。
・戦略的に考え、目標に向かって突き進む意思力があります。
・問題から逃げることなく立ち向かいます。タフな交渉ができます。
・部下を鍛えますが、命令指示型の指導になりやすいところがあるため、いい聞き手になる必要があります。
・組織や仲間のためによく働き、部下の面倒見もいいです。
【働きやすい職場】活気にあふれている。自分の影響力が大きい。ハイリスク・ハイリターン。
【働きにくい職場】ルールや慣習に縛られる。変化やチャレンジがない。

〈タイプ9〉の仕事のスタイル

・真面目に辛抱強く、仕事に取り組みます。
・ジェネラリストとして、幅広いことをこなせる人が多い。

・総合的な視点を持っていますが、目標や戦略を立てるのは、あまり得意ではありません。また、自分の慣れ親しんだペースやり方で仕事をする傾向があり、非効率的になることがあります。

・ものごとに前向きですが、反面、問題を楽観視しすぎる時もあります。

・人のよい面をひきだし、職場のいい雰囲気を保つことができます。職場がいい雰囲気であることがモチベーション維持のために重要です。ほめてもらえると自信がつきます。

【働きやすい職場】安定感があってマイペースで取り組める。和やかな雰囲気がある職場。

【働きにくい職場】ペースが速く、競争を強いられる。変化が多く、適応を強いられる職場。

エニアグラムによる企業研修の実際

現在、私たちが実施するワークショップやセミナーは、経営者向け研修と企業研修が7～8割を占めています。中小企業から大企業まで、そして新人研修や管理者研修といった階層別のもの、コミュニケーションやリーダーシップというテーマ別のものなど、さまざまです。

企業からの問い合わせでは、コミュニケーション能力を高めることでリーダーシップを向上させたい、社内のコミュニケーションをよくしたい、人材の適切な配置に役立てたいというニーズが多いようです。

エニアグラムは自己理解、他者理解、コミュニケーションの改善、チームワークの向上、適性を活かした人材配置、リーダーシップの向上、キャリア計画などと応用範囲が広いのがとても魅力です。

私たちはクライアントのニーズに合わせてプログラムを組みます。ひとつのサンプルをご紹介しましょう。これは管理者研修のプログラムで、2日間かけてじっくり行います。

【内容】 気質と性格、環境／3つのグループ（本能・フィーリング・思考）／9つのタイプ（ビデオを含む）／行動スタイルによる3つのグループ／問題が生じた時の態度による3つのグループ（グループワークの体験実習：「夢の組織をつくるワーク」）／仕事上の課題や問題に取り組むグループ・ディスカッション／ストレスの方向と成長の方向（ストレス・マネジメントと、成長をサポートするために）／タイプ判別／各タイプとの効果的な関わり方　など

プログラムは説明と実践からなっています。それぞれのタイプの感触をつかむためにビデオを使ったり、自分の傾向性を絵で表現したり、ペアワークやグループワークも適宜行います。「問題が生じた時の態度による3つのグループ」は第3章で紹介しましたが、楽観的・合理的・反応的という3つのグループは分かりやすく、仕事で使いやすいと評判です。

それでは次に、実際の研修例をご紹介します。「夢の組織をつくるワーク」という実践は、チームワークにおけるそれぞれのタイプの役割と可能性を体験的に学ぶことができます。

実践「夢の組織をつくるワーク」

1　やり方

こういう組織があったらいいなという「夢の組織」をグループ全員で考え、発表するグループワークです。たとえば地球環境を守る団体かもしれませんし、理想的な教育ができる学校か

もしれません。組織の形態は会社、教育機関、NPO、どんなものでも構いませんが、メンバー全員が合意する必要があります。

まず、5〜6人のグループに分かれます。グループのメンバーは、タイプのバランスを考えて講師が選びます。とくに「3つの態度」という視点から、各グループに楽観的・合理的・反応的の各タイプが均等にいるように気をつけます。

各グループは、その組織の名称やヴィジョン、活動内容、部署、メンバーそれぞれの役割、所在地、シンボルマークやキャッチフレーズといったものを1時間半ぐらいかけてみんなで考えます。そして構想を紙に書き表し、3分ほどの発表時間で他のグループの人たちにアピールし、支援を求めます。予算に制限はありませんので、自由に構想することができます。

グループの作業として必要になるのは、まずその作業自体をどういう段取りで進めるか、進行役や書記などの役割をどうするか、どのようにしてメンバー全員の合意をつくっていくのか、それぞれのリーダーシップをどう発揮していくのか、それをどのようにして図化し、誰がどのように発表するのかを決めることです。制限時間の中で、お互いの役割の違いを素早く認識し、補い合って、形にしていく必要があります。

このグループワークでは、さまざまな形のリーダーシップが発揮されます。ムードメーカーとして、楽しく活気のある雰囲気をつくる人、合理的・効率的に進める人、問題と感じられることに反応する人など、課題解決に取り組む3つの態度が浮き彫りになります。他にも積極的にリードしながらグループをまとめていく人、みんなの意見をうまく調整していく人、おとなしいけれど、要所要所で的確なコメントをいう人など、行動スタイルの違いも表れます。9つのタイプの違いも実感できます。

2　感想

当初は講師側であまり細かく人選をせずにグループ分けをしていましたが、多様なタイプがいるグループからはいろいろなアイディアが出、それを形にする作業も役割分担がスムーズにいきました。一方、特定のタイプが偏っているグループの場合、どうしても発想が広がらず、うまく形にしにくい場合もありました。

そこで、3つの態度や3つの行動スタイルのバランスを考えてグループ分けをするようになってから、受講者のこんなコメントをいただくようになったのです。

「短い時間なのに、信じられないほどスムーズに協力できました。タイプの違いを理解しながらグループ作業をすると、こんなにもやりやすいんですね」「楽しくお互いに協力しながら形にしていくことが可能だというのは、今まであまり体験したことがなかったので、貴重な経験になりました」「多様性の強みを実感しました。お互いのいい部分を認め合いながら、ひとりひとりの提供がうまくまとまったと思います。それぞれの資質が活かされた体験で、とても充実していました」

もちろん実際の組織においては、３つの態度や行動スタイル、９つのタイプが均等に配置されていないことの方が多いのです。そんな場合、誰かが必要な役割を引き受けてバランスをとろうとします。たとえば合理タイプばかりのチームであっても、反応タイプの役割を引き受け、問題を表に出していく人が出てきます。その際、タイプについて理解していると、より意識的にバランスをとっていくことができます。

この「夢の組織」は架空のものですが、制約のないところで自由に発想することにより、いろいろなアイディアが出てきます。それは仕事でも個人の生活でも役立てることができます。その時の発想が後々も強く印象に残り、実際に仕事に活用している方もいます。

研修においては他にも、実際の仕事上の具体的な問題や課題を誰かに発表してもらい、それについてエニアグラムの理解を活用しながら10人ほどでグループ・ディスカッションをして解決していくという「リーダーシップ・サークル」という手法も使っています。

問題や課題とは、たとえば自分のリーダーシップについて、部下や上司との関係について、職場のコミュニケーションについて、新しい方針にどう対応するかなど、多岐にわたります。

それを「傾聴」をベースとしたコミュニケーションのルールに沿いながらディスカッションし、エニアグラムの知識を実際の仕事に活用することを学びます。

グループの発達段階

楽観的・合理的・反応的という「3つの態度」は、グループが発展していくプロセスにも当てはまります。筆者のひとりであるティム・マクリーンが考案したモデルを使って説明しましょう。シンプルなモデルですが、現実によくある現象として、納得のいく方も多いでしょう。

（1）ハネムーンの段階（楽観的）
どんなグループ（二人の関係を含む）も、最初はヴィジョンや夢、使命感等、前向きな態度からスタートします。

（2）ルーティンの段階（合理的）
実現したいことを実際に形にするには、手順や役割分担、ルール、スケジュールなどを決めて合理的に進んでいく必要があります。

（3）問題浮上の段階（反応的）

計画通りに進まず、問題が浮上。人間関係の葛藤や感情的なもつれが表に出てきます。

どんなグループでも、必ずどこかで壁に当たるものです。それは自然な流れとして、最初から心の準備をしておいた方がいいでしょう。壁というものは、そのグループのどこに課題があり、成長するためには何が不足しているかを教えてくれるシグナルなのです。

グループが壁を乗り越えていくには、問題や葛藤に向き合い、メンバー間の違いを理解し、サポートしあう必要があります。問題や葛藤に直面することを避け、表面的なコミュニケーションを続けた場合、グループはそのまま停滞・衰退するか、メンバー相互の違いからくる対立によって分裂するかもしれません。

壁にぶつかった時、そもそも何のために最初に一緒になったたか、目指しているものを思い出します。そして再び前向きな気持ちになることができ、ヴィジョンを共有できれば、改めて冷静に状況を分析し、やり方を構築し直し、人間関係の問題に取り組んでいけるのです。

壁を乗り越えることができたグループは、メンバーの多様性を統合したグループとして刷新し、成熟していくことができます。それは個々人にとっての成熟・成長でもあります。一度困難を乗り越えたグループの結束は固く、信頼関係・協力関係を強めることになります。

人生が楽になるエニアグラム9つの原則

最後に、エニアグラムが教えてくれる素晴らしい知恵を「9つの原則」としてまとめてみました。おりにふれて読み返していただくことで、あなたの人生をいい方向に変えていく助けとなることを願っています。

① 性格の問題は、性格では解決できない

アインシュタインの言葉に、「ある問題を起こしたのと同じマインドセット（心のあり方）で、その問題は解決できない」というものがあります。リソ＆ハドソンは、「性格の問題は、その性格パターンを使っては解決できない」といっています。

ひとりで頑張りすぎる傾向のある人が、その状況を何とか解決しようと、ひとりで頑張っても解決にはなりません。そうではなく、人に助けを求めることが必要なのです。自分のパターンを具体的に理解できれば、今までとは違う方法が必要であることが分かります。

② 「頑張る」と「本気」の違い

これはエニアグラムの考え方を分かりやすく表現するために考えた筆者の表現です。「頑張る」というのは、これまでの自分の性格パターンのままでもっとやろうとすることです。「も

っと睡眠時間を削って働けば……」「もっと人から関心を得ることができれば……」など。それに対して「本気」というのは、大切な自分の人生や人間関係のために、今までの自分のパターンを変える勇気を持つことです。人によっては、もっと努力するよりも、休むことが必要かもしれません。

③ 電車に飛び乗ってはいけない

リソ&ハドソンの言葉です。自分の性格のパターンというのは、電車がプラットフォームに入ってきた時に、行き先も確認せずにあわてて飛び乗ってしまうようなもの。つい、自動的に動いてしまうのです（タイプによっては、電車に乗らずに見送ってしまうのがいつものパターンかもしれませんが）。つい電車に飛び乗りそうになる前に気づき、ひとつ深呼吸してみましょう。

④「今、ここ（プレゼンス）」

エニアグラムの中でもっとも重要な考えです。私たちの思考や感情は、すぐ過去や未来に飛んでいきます。これからのことについて不安になったり、過去のことを後悔したりするのです。けれども生きている豊かさを味わうことができるのは、「今、ここ」の瞬間しかありません。

一日に何回か、思い出したときに深呼吸し、「今、ここ」の瞬間に意識を向けてみましょう。自分がいつもの性格の反応にもっていかれそうになった時、「今、ここ」の瞬間にいることができれば、よりよい選択をすることができます。

この実践はシンプルですが、パワフルです。エニアグラムでは心を開き、「今、ここ」にできるだけいることによって人は変わり、成長すると考えています。より具体的なやり方としては、「センタリング」という方法を学ぶことができます（あとがき参照）。

⑤ 性格のパターンから解放される

私たちがなかなか「今、ここ」にいられないのは、性格のパターンがすぐに動き始めるからです。こうした性格パターンから自分を解放するのは難しいことですが、最近、非常に効果的な方法が話題になっています。

現在、アメリカで大きな反響を呼び、日本でも関心が高まっている「バイロン・ケイティ・ワーク」です。これはストレスや苦しみを生み出すビリーフ（思い込み、価値観など）を解放するための方法で、すぐに確かな効果を感じられるのが魅力です。エニアグラムとの交流も行われていて、性格の理解と組み合わせて使うことで、相乗効果が得られます（あとがき参照）。

⑥ 成長を妨げる「心の中の批判の声」に気をつける

私たちの成長への取り組みを邪魔するのは、「心の中の批判の声」だといわれています。自分の可能性を広げ、成長しようとしている時に、いろいろな批判の声が聞こえてくるのです。「どうせそんなことをしても、うまくいきっこない」「おまえには無理だ」「そんなことをしたら嫌われる」「つけこまれるだけだ」などなど。

こうした声は、もともとあなたをリスクから遠ざけようとする心のメカニズムなのですが、放っておくとゆきすぎる傾向があり、あなたの可能性や変化、成長を制限する方向で働きます。ただしそうした声と闘おうとしてもうまくいきません。排除しようとするよりも、成長の取り組みをしている間、脇でしばらくお休みしてもらいましょう。

⑦ リラックス

エニアグラムでは、「性格は緊張からできている」と考えます。しっかりしなければと歯をくいしばっているかもしれませんし、ジョークをいって大勢の人を笑わせている時も、テンションが上がっていて、体に緊張があるかもしれません。よく人に怒ることで、体が緊張しやすいかもしれません。自分の体に時々意識を向けて、必要以上に力が入っていたら、ゆるめましょう。性格の緊張により、私たちは多くのエネルギーを使い、疲れてしまいます。自分を防衛するためにエネルギーを使うのをやめれば、もっと生き生きとできます。

⑧　成長とは手放すこと

エニアグラムにおける成長とは、素晴らしい人格を獲得することではありません。逆に、自分にとって癖となっている性格パターンを「手放し」、可能性を広げることによって、成長していくのです。『ロード・オブ・ザ・リング（指輪物語）』では、世界を支配する指輪を「手に入れる」のではなく、「捨てに行く」旅を描いています。指輪は「自我（性格）」の象徴と考えられ、指輪にとりつかれた９人（！）の王は、ナズグル（幽鬼）となってしまいます。

⑨　相手の輝きに目を向けると、信頼関係が生まれる

エニアグラムによって性格の動きがよく理解できると、自分や相手の本質に触れやすくなります。私たちは誰でも、性格パターンの奥に、存在の輝きを持っています。人間関係においては、相手の中にその輝きを見つけ、そこにつながる気持ちで関わると、いい関係を築くことができるでしょう。相手の輝きを見ようとする時、自分自身の輝きも増し、いい雰囲気が生まれるのかもしれません。

これは抽象的なことではなく、筆者が多くの人たちと関わってくる中で、いつも体験してい

ることです。たとえば初対面で、最初は斜めに構えている方がいたとしても、そうした態度にあまり反応せず、こちらが心の構えを解き、相手の存在を尊重する姿勢を保っていると、結局はいい関係が築けるのです。いい関係をつくりたいのであれば、どんなノウハウよりも効果的なありかただと思います。

あとがき

「あなたは、あなたの性格タイプそのものではありません」

リソ＆ハドソンの言葉です。私たちは、自分の性格からくるパターンを繰り返しているうちに、それがあたかも自分自身であるかのように錯覚してしまいます。

本書によってあなたが、自分を制限しているパターンから自由になり、本来の〝輝き〟を思い出し、豊かな可能性を開いていくことができたとしたら、著者として望外の喜びです。

エニアグラムに関心を持たれた方には、ワークショップへの参加をおすすめします。さまざまな人から体験的に学び、専門家の意見を参考にしていただく機会です。リソ＆ハドソンの来日イベントも毎年秋に開催しています。本書でご紹介したセンタリングやバイロン・ケイティのワークについても、左記にお問い合わせください。

最後に次の方々に謝辞を申し上げます。まずワークショップや研修、講演等で私たちに多くの学びをもたらしてくださった参加者の皆様。また、この本のための取材にご協力いただいた皆様。おひとりおひとりのお名前を掲載することができなくて恐縮ですが、ご容赦ください。そして私たちの師である吉福伸逸さん、リソとハドソンのお二人。私たちのエニアグラムの活動をいつも温かく応援していただいている株式会社花吹雪、株式会社アソビズム、NMFの皆様。身近で支えていただいた鈴木宣江さん、和田英朗さん、齋藤めぐみさん、守屋智一さん。そして私たちの家族に感謝の気持ちを捧げます。最後になりますが、この本が形になりましたのは、編集を担当していただいた稲葉小太郎さんの多大なご尽力によるものです。心からお礼申し上げます。

ティム・マクリーン
高岡よし子

シープラスエフ研究所　静岡県伊東市赤沢一六八ー一四
＊エニアグラム研究所〈日本〉の母体。ワークショップや研修を東京他で開催。
TEL 0557-54-7522 HP http://www.transpersonal.co.jp MAIL cf@transpersonal.co.jp

エニアグラム
自分のことが分かる本

2009年8月27日 第1刷発行
2011年4月13日 第2刷発行

著者………………ティム・マクリーン&高岡よし子

発行者……………石崎 孟
発行所……………株式会社 マガジンハウス
〒104-8003 東京都中央区銀座3-13-10
受注センター ☎049-275-1811
書籍編集部 ☎03-3545-7030

デザイン…………鈴木大輔（ソウルデザイン）
印刷・製本所……大日本印刷株式会社

ISBN978-4-8387-2009-5 C0095